いきな言葉 野暮な言葉

中村喜春

草思社文庫

いきな言葉　野暮な言葉◉目次

男女の仲――23

女の色気・男の色気　75

褄はずれ／夜目遠目笠のうち／色の白いは七難隠す／才色兼備／一目千両／小股の切れ上がったいい女／風情がある／お蚕ぐるみ／おちゃっぴい／初々しい／初心／海千山千／ばらがき／手玉に取る／嘘八百／大物食い／すれっからし／もどき／色消し／大雑把／鼻つまみ／いけいけぞんざい／素っ気ない／心ばえのいい人／心くばり／針供養／割を食う／いかず後家／高望みの売れ残り／三の酉の売れ残り／女好きの色嫌い女嫌いの色好き／実がある／不実／銀流し／千三ツ屋／色魔・高箒／茶人／みみっちい／部屋住み

花柳界　113

お披露目／逢い状／中もらい／ぜひもらい／後口／流行っ妓／遠出／空約束／切火／お先煙草／引祝い／それ者あがり／腕がある／左団扇／白羽の矢が立つ／みそっかす／願がけ／断ち物／お百度参り／水ごり／初会／客情人／出世払い／やらとら／あごあし／見巧者／世間師／下駄を

まえがき——野暮な言葉を使っていませんか

三十六年もアメリカに暮らしていますと、毎日の生活が英語の明け暮れで、それだけになおさら日本語に神経質になってしまいます。ニューヨークの私のところには、若い日本人の留学生諸君がよく遊びに来てくれますが、ときどき、どうも、私の言うことがわからないようなことがあります。そんなとき、大正二年生まれの私としては、なんとも心細くなってきます。我田引水かもしれませんが、日本には昔からの、美しい、また洒落た言葉がたくさんあります。それを若い人に使ってくれとは言いませんけれど、せめて残しておきたいと私は思います。

日本に帰って来て、いちばんショックを受けますのは、私たちのころとの「言葉の違い」です。まあ、日本語の変わったこと変わったこと。ズバリ、なまなましい表現ではなく、とくに女としては、もっとやさしい、奥床しい表現をしたほうがいいのに、と思うことがしばしばあります。男女同権ということなのでしょうか、女学生が男の言葉を使い、男性が女みたいな言い回しをしているのを聞くと、淋しくなります。とても我慢できないような日本語が氾濫しているのを見るのが辛いのです。老化現象でしょうよネ、きっと。私は、日本語って、なんてきれいな言葉なのかしら、といまさらのように日本人に生まれた幸せを感謝しているのですが。

私の若いころは（これ、嫌な言い方ですけれど、本当のことだから仕方がない）、正しい、良い話し方をなさるかたを「アナウンサーのようだ」と言ったものです。ところが、このごろの日本のテレビを拝見していると、冷汗をかくような思いをすることがしばしばあるのです。

市川團十郎さんの舞台中継が放送されたときのことです。解説しているかたが「ここでシモザの音楽が始まる」なんて言うのです。こりゃ「下座《げざ》」ですよネ。また、一昨年、日本に来たときは、「梨園《りえん》」のことを「ナシエン」と言うかたがあるの。唐の玄宗が、梨《なし》の木の下で、自ら俳優に技芸を教えたという故事《こじ》から、とくに歌舞伎界の中のことを梨園と言うのですが、このごろのことですから、エライ先生が「ナシエンのほうが正しい」なんて寝言をおっしゃるかもしれませんけれど。私は絶対、梨園《りえん》で通します。

それと、小さなことだけれど、言葉に濁りが付くのと付かないのとでは、意味がまるっきり違っちゃう。「車ひき」というと人力車を引く車屋さん、「アラヨッ」と梶棒《かじぼう》を担いで走り出す車夫《しゃふ》を思い出すでしょう。だけど、これに濁りをつけて「車びき」となると、松王丸、梅王丸、桜丸という三つ子の兄弟が出る歌舞伎の『菅原伝授手習鑑《すがわらでんじゅてならいかがみ》』の一幕のことです。「車ひき」と言うと、どうも人力車さんのイメージになりますから、芝居のときは「車びき」と必ず濁りをつけていただきたい。

もう一つ、蜷川幸雄さんの『梅川忠兵衛《うめがわちゅうべえ》』の芝居で、若い役者さんが梅川のことを「ウメカワ、ウメカワ」と言っていました。平幹二朗さんの忠兵衛に、太地喜和子さんの梅川だったと思います。これもやはり、「ウメガワ」と言ってもらいたい。「ウメカワ」ではどうもネ。

また、海老一染之助・染太郎さんの、傘の上で独楽《こま》を廻したり、日本刀の刃渡りをさせたりする芸（太神楽）のことを、あるアナウンサーは「オオカグラ」と言っていました。あれは昔から「ダイカグラ」です。「下座《げざ》」が「シモザ」で「梨園《りえん》」が「ナシエン」で「太神楽《だいかぐら》」が「オオカグラ」じゃ、悲しくなっちゃう。しゃべるのが商売のかたは、もっと勉強していただきたいわ。

それから「花街」。これは「カガイ」です。「ハナマチ」と、みなさん、おっしゃるけれど、これは演歌のかたにお任せしておきましょう。やはり「花街《かがい》」とか「花柳《かりゅう》界《かい》」とか、おっしゃってくださいナ。演歌で「花街《はなまち》の母」なんてのを歌ってくださったので、「ハナマチ」になっちゃった。でも、絶対にハナマチなんて言っちゃ、いや。

ついでに、このごろでは水商売の人が（バアのホステスさんの場合も）、お店で名乗る名前を「源氏名」と言っているようですが、これは花魁《おいらん》（お女郎さん）に限ります。俳優さんや芸者は、「芸名《げいめい》」と「本名《ほんみよう》」と言います。英語ですと、こういう場合、プロフェッショナルネームと言いますから「職業名」とでも言ってください。「源氏名」ではホステスさんが怒りますよ。

五年ぐらい前に日本に帰ってきたとき、小学生が「なんとかでェ」「それからァ」「僕わァ、そう思ってェ」と語尾をのばしてしゃべるのがとても耳障りでしたが、今度来てみたら、四十歳ぐらいの人も、若い女性のアナウンサーも、学校の先生、とくに女性の先生や看護婦さんなど、みなこの話し方なのです。日本中でやっているから、もうこれは直りませんネ。

女性教師や相当インテリの女性評論家のかたが、さかんに「ヤバイ」とおっしゃるのも気になります。あれはもともと、ヤクザの言葉なのに。

気になる言葉はまだあります。関西弁から入ってきているのでしょうけれど、このごろは、東京でも言葉のアタマに「ど」をつけるのが流行しているようです。これは関西でもあまり上品な言葉じゃない。いたって下司《げす》な言葉です。「ど真ん中」「ど阿呆」「どけち」「ど根性」など、いろいろありますが、若い女性まで「私はど近眼ですから」なんて言っているのを聞きます。

昭和十五年に大阪に嫁《かたづ》いた私は、夫をはじめ舅《しゅうと》、姑《しゅうとめ》、小姑《こじゅうと》、みな関西弁でしたから、わりに正確な関西弁をしゃべります。また、同じ関西弁でも大阪弁と京都弁と神戸弁との違いをチャンと聞き分けることができます。「ど」の字をつけるのは、河内弁じゃないかしら。今東光さんの『悪名』に出てくる朝吉親分の「オンドリャ」とか「ナンカラカシテケツカンネン」とか「ヨロガワのミル飲んで、腹ラツクラリヤ」（淀川の水飲んで腹だだ下りや）とかいう言葉の範疇《はんちゅう》に入るものだと思います。

私を紹介してくださるかたのなかには、「銀座のど真ん中で生まれた江戸っ子のど根性」なんておっしゃるけれど、私は即座に「『銀座の真ん中で生まれた江戸っ子の心意気』と言ってくださいナ」と訂正します。銀座にはど真ん中もないし、ど根性もないのです。

昭和の初め、銀座四丁目の服部時計店（今の和光）の並びにあった木村屋さん。もちろん今もある有名なパン屋さんですが、皇后様（今の皇太后）があの店のアンパンがとてもお好きで、ホヤホヤの焼き立てのアンパンを毎朝、宮城《きゅうじょう》に届けさせるので有名でした。それで、お店の入口には、大きく「宮内省御用達」と書いた看板が出ていました。また、赤坂の虎屋さんという羊羹《ようかん》屋さん（ご主人の黒川さんは、のちに厚生大臣になられたかたです）、この店にも「宮内省御用達」という看板が出ていました。これを私たちは「ゴヨウダツ」と読んでいました。ところがこのごろでは、アナウンサーのかたもテレビや芝居の台詞《せりふ》でも「ゴヨウタシ」と言っています。なんだか、エライ先生が「ゴヨウタシ」と言うほうがいいとおっしゃったとのことですが、私たちが「ゴヨウタシ」と言うときは、お手洗い（トイレ）に行くことを意味していました。「あなた、先に行っててちょうだい。私は御用足《ごようた》しをしてから行くわ」

なんて言い方をしました。男性でも、

「ちょっと失礼。用を足して来るから」

と、こんな言い方をしました。どんなエライ先生が、何とおっしゃっても、私はやはり「御用達《ごようだつ》」と言いつづけるつもりです。

宮城《きゅうじょう》に毎朝アンパンをお届けすると書きましたが、面白い話があります。昭和天皇が亡くなる直前に、あるテレビ局の偉いかたがタクシーに飛び乗って、

「宮城《きゅうじょう》にやってくれ」

とおっしゃったら、運転手さんがすごいスピードでタクシーを走らせ、止めたとこ

ろはなんと後楽園球場でした。宮城《きゅうじょう》、つまり皇居に行きたかったのだと言うと、

「球場って言ったんじゃないですか」

と逆に文句を言われ、つくづく年を考えさせられてガックリしたとそのかたはおっしゃっていました。

また最近では、「おみおつけ」と言っても通じません。「みそ汁」と言うとわかります。相当なインテリの女性が「腰巻《こしまき》」なんて言います。私たちは「裾《すそ》よけ」と言います。

「ヤバイ」の類《たぐい》もそうですが、私たちのころには口にしなかった言葉を女性が平気で使っています。たとえば、若い娘さんが、

「生理になっちゃった」

「アンネだから泳ぎに行けなくなっちゃった」

と言っているのを聞きます。私たちの時代にはそうしたことに関する言葉は、人前では口に出しませんでした。私がそれを言うと、若い娘さんたちはむしろ不思議そうに、

「どうしていけないんですか。メンスがなかったら、それこそ大変ですよ。当たり前のことを言って何が悪いのかしら」

うか。
と言い返されます。若い娘さんは、やはりある程度の慎《つつし》みとか、たしなみとかいうものが必要だと思うのですけれど。こんなことを言うのはやはり老化現象なのでしょうか。

それから、若いかたたちは使いなれない言葉を意味も知らずに使ってはいけない、という例をあげてみます。

先日ある人が、日本から来た自分の後輩がアメリカのカレッジで留年し、すっかり落ち込んでいるのを慰めるのに、

「君なんかまだ若いんだから、一年やそこらのことで落ち込むことはないよ。人間てのは七転び八転びといって、また次のチャンスが必ずあるんだから」

と大真面目に言うのを聞いて、私は吹き出してしまいました。

これは七転《ななころ》び八起《やお》きの間違いで、七転び八転びじゃ、転んでばかりいるわけです。でも言い聞かせるほうも聞いているほうも大真面目なので、可愛かった。

次は、大学で教えている私の友人の高橋先生の話。

卒業式のあと、謝恩会に先生をお招《よ》びしようという女子学生から、

「ぜひ、先生、出席してください」

と言われた高橋先生は、

「あいにく一つ先約があるけれど、何とか早く切り上げて必ずかけつけるから」

とおっしゃった。するとその女子大生は、

「先生、ぜひ来てください。枯れ木も山の賑《にぎわ》いと言いますから」

これには先生も「オヤオヤ自分は枯れ木か」と苦笑されたそうです。

もう一つ、高橋先生のお話。

卒業生が就職をお願いに母親付きでやって来ました。お母さんは一所懸命に頭を下げているのに、肝心の息子は他人事みたいな顔をして煙草を吸っている。お母さんが、

「さあ、あんたも先生によくお願いしなさい」

と言ったら、その息子は煙草を止めて、改めて、

「先生、よろしくお願いします。こうなると溺《おぼ》れる者は藁《わら》をも摑《つか》むと言いますから」

と言ったそうです。「枯れ木」といい、この「藁」といい、どうも言っている本人は意味が全然わかってない。

それから、私のいただいた手紙のなかからケッサクを一つ……。

F子さんは大学時代から大恋愛して結婚した旦那様（商社マン）とニューヨークに約一年住んでいましたが、昨年五月に御主人が栄転され、ご夫婦はコロラドに行くことになりました。F子さんは二十四歳、きれいな人で、子どももないし、いつも新婚

気分の仲のいいカップルです。

彼女からコロラド便りが届いたのは五月の末でした。可愛らしいコロコロしたマンガのような字で（このごろの若い女の人の字は皆同じで、名前を読まないとどの人が書いたのかわかりません）書かれた手紙です。

「ニューヨークのようなアスファルトジャングルとちがって、ここは素晴らしい田舎で、みどりの多い庭の広い社宅で、大きな庭の手入れも植木屋さんが来てくれるし、本当にのんびりとした毎日です。私たちの寝室の窓からもみどり色の木が見えます。庭にはいろいろな色のツツジが今まっ盛りです。ニューヨークでは本当に色々お世話になりました。中村様の御健康をコロラドの草葉《くさば》の陰《かげ》からお祈りしております」

緑の多い美しいお庭で私のことを思い出してくださるのは嬉しいけれど、草葉の陰からでは困った困った。やはり自分のよく知らない言葉は使わないことですネ。


一昨年、武田鉄矢さんと対談したときのことです。私が何か言うと、

「いやー、面白いなあ。それ何のこと？」

と、鉄矢さんが本当に面白そうにお聞きになる。そして、

「お姐《ねえ》さんと話してると、聞いたことのない言葉ばかりが出てくるもの」

と私の言うことを、ノートに書きつけていらっしゃる。

日本語を日本語に訳すというのも、面白いことですが、私の話のなかには、日本ではもう死語になってしまった言葉や、私たち芸者だけが使う花柳界用語が交《ま》じるので、そりゃ、日本の若いかたたちには耳新しく聞こえるわけです。

戦後に亡くなられた文芸評論家の十返肇さん。奥様の千鶴子様が評論家としてさかんに活躍しておられますが、この十返肇さんの「文壇白書」のなかに、丹羽文雄と新橋喜春との大恋愛と書いてあったという話を鉄矢さんにしますと、

「丹羽文雄先生と言えば、文壇の大御所《おおごしょ》だけど、本当に大恋愛やったの？」

と鉄矢さんが聞かれました。

「あれは浮名《うきな》もうけよ」

と言いましたら、この「浮名もうけ」というのが鉄矢さんにはわからない。それで私は、この言葉の解説をしました。

私の若いころには「フォーカス」も「フライデー」もなかったけれど、やはり、そういう他人のお色事《いろごと》には誰も興味津々《きょうみしんしん》です。「あの人たちあやしいワヨ」とか「ただじゃないワ」とか言うときには「浮名が立つ」とか「浮名を流す」とか言いました。

自分が人の口の端《は》にのぼったとき、相手の人が好きでないときは、「とんでもないワ」

とか「ジョーダンじゃないワヨ」と一撃のもとに退《しりぞ》けますけれど、丹羽先生のときは、ちょっと違う。

菊池寛先生や久米正雄先生の一座の末席に、ちょっとかしこまって、紺絣《こんがすり》のお対《つい》（着物と羽織のセットになった物）にセルの普段袴《ふだんばかま》をはいて座っておられる丹羽文雄さんは、ステキでした。長谷川一夫さんを知的にした感じで、私ばかりじゃない、若い芸者はみな、そばに座りたくて、それでも恥ずかしくてモジモジしていました。私も憧れちゃって、遠くからお顔を見てドキドキしていた一人でしたけれど、そのころ先生は酒場のマダムとご一緒に暮らしておられて、若い芸者なんかは、テンデ問題にしてくださらないみたいでした。

でも、私は丹羽先生のご紋《もん》が「りんどう」だと聞いて、着物にりんどうを染めて着たり、笹《ささ》りんどうの帯を締めたりして、みんなに冷やかされて一人で嬉しがっていました。だから「丹羽文雄と新橋喜春との大恋愛」なんて言われると、「ワア、嬉しい」「得しちゃった」「もうかっちゃった」となるわけで、これを「浮名もうけ」というのです。

やはり鉄矢さんとの対談で、そのとき日本中をわかせていた、エライかたのスキャンダルの話題になって、私が思わず、

「男のかたは、別れ上手《じょうず》と別れ下手《べた》では、まったく一生が違ってくるわね」

と鉄矢さんに言うと、またまた「ああ、その言葉、面白い」ということになりました。

こうした花柳界語に例を上げて納得のいくように話しているうちに、そしてまたこれを一つ一つ書き留めておられる鉄矢さんを見ているうちに、「そうだ。こういう昔の洒落た言葉の辞典みたいなものを書きたいナア」と思いはじめました。

でも辞典なんて偉そうなことを言うと、語源から説かなければいけないと忠告してくださったかたがあります。

それで、えらい先生がたの日本語の辞典を引くと、たしかに同じ言葉は出ていますが、解説は固い固い。私は花柳界育ちで、毎日先輩のお姐さんや料亭の女将《おかみ》さん、またいきなお客様などの使っておられた言葉しか知りませんから、辞典なんておこがましいことは言わずに、「洒落た言葉のしをり」とでもいうつもりで書いたほうがいいわと思いました。

男女の仲

馴初《なれそ》め

男女が初めて逢ったことを言います。

〽そも馴初《なれそ》めの初めより

と唄いだして、お互いに憎からず思いはじめたことを表現します。これはいい言葉ですネ。

私が初恋の人に初めて逢ったのは、ロシアの有名な歌い手シャリアピンの歓迎のための総理大臣主催のパーティでした。

総理の弟にあたる音楽家に、「そも馴初めの初めより」という唄にある通り、お逢いして二分間くらいで私は夢中になってしまったのです。それからは毎日花の咲いたような幸せな日が続きましたが、この人との馴初めは、あの大きな、毛むくじゃらなシャリアピンさんと切り離して考えることはできません。

でもこの初恋も、戦前の因習的な辛《つら》い障害のために、悲しい別れになってしまいましたが……。

一目惚《ひとめぼ》れ

文字通り、一目見たときに好きになってしまうこと。英語でもfalling in love at first sightと言いますから、同じことなのですネ。

私など、多分にこの傾向があります。初めて逢って二分ぐらいで夢中になってしまう。それこそ一目惚れです。

「初めは好きでなかったけれど、付き合っていくうちに、だんだん好きになった」なんていうかたも多いけれど、一目惚れというのは二分間で充分。そして私の場合、必ず相手も同じ気持ちですし、一目惚れで失敗したことは一度もありません。運がいいのかな。

ですから、私が今まで書いた七冊の本には、一目惚れの恋ばかり書いているような気がします。

岡惚《おかぼ》れ

これはプラトニックラヴのことを言います。相手の人が知らなくてもいいのです。一面識もない人に一方的に熱を上げても誰も咎《とが》めません。若い娘たちが「光GENJI」や「忍者」、貴花田、武豊などに夢中になって、放送局の周りやコンサートホールの楽屋口でキャアキャア言っているのも、みな岡惚れしているからです。

私たちのころでも、歌舞伎の役者さんや、お相撲さん、レコード歌手、野球選手、映画の俳優さんなどに岡惚れして大騒ぎしている若い芸者衆がたくさんいました。

たとえば歌舞伎の役者では、もしをさん（のちの勘三郎さん［十七代目］。今の勘九郎チャン［五代目］のお父様）、しうかさん（のちの勘弥さん。水谷良重チャンのお父様）、海老蔵さん（のちの十一代目團十郎さん。今の團十郎さん［十二代目］のお父様）、染五郎さん（のちの白鸚さん。今の幸四郎さんのお父様）などがおられましたし、お相撲では、双葉山（新橋では「双葉山を守る会」なんて作っちゃった）、鯱《しやち》の里《さと》、安芸《あき》の海《うみ》、などなど、なかなかハンサムなお相撲さんがおられました。

また映画俳優では、岡田時彦、鈴木傳明《でんめい》。そのうちに上原謙や佐野周二、佐分利信などが出てきました。

こういう人たちに岡惚れするというのは、いつの時代も同じですネ。

のりの岡惚《おかぼ》れ

若い芸者は「あの人、好きだわ」なんて、お客様や芸能人に夢中になるときがあります。もちろん単に岡惚れの段階なので、向こうが全然知らないなんてことが多いのですが、一人の人を三人ぐらいが好きになることもあります。そんなときは、三人が合意のうえで、

「じゃあ、『のりの岡惚れ』にしましょうネ」

なんて言います。

岡惚れの相手がお客様や歌舞伎の役者さんだと、少しは本物になる可能性もありますが、半玉《はんぎょく》が三人で、

「ジェームス・ディーンが『のりの岡惚れ』よ」

なんて言っているのは、なんとも罪がない。

今でも、タレントさん、とくにアイドルグループの人たちをキャアキャア言って追い掛けて歩くグルーピーたちは、みな「のりの岡惚れ」で、五十年前も今も同じだと思います。

ただ昔はちょっと恥ずかしくて、そっと静かに、あまり表に出さないで、仲間同士で騒いでいたみたいですよ。今はおおっぴらですけど……。

ねんごろになる

こうなると、岡惚れの域は通りすぎちゃって、男と女の間柄になるのです。

「まさかうちの息子とあの妓《こ》が、ねんごろになってるなんて、考えたこともなかったワ」とか、

「アメリカに行っても、目の青い女の人とねんごろになっちゃ困るよ」

なんてお母さんが言うのを聞くことがあります。

このごろでは、日本の女性が黒人さんと結婚することもしばしばありますが、ねんごろになる相手も、おいおい多国籍になってきたようです。

私のところに来る留学生の男の子にも女の子にも私はよくこう言います。

「"I'm very fond of you"（あなたがとても好きです）と言ってもいいけれど、"I love you"（あなたを愛している）と言っちゃ、だめよ」

と。それを言ったら、ねんごろになる第一歩ですもの。

秘《ひ》め事《ごと》

内緒ごとのことです。だいたい男女のあいだの恋愛関係は秘め事であるべきで、自分の恋愛であれ、他人の恋愛であれ、口に出しては言わないのが心のエチケットだと思います。秘め事だからこそ、二人きりになったときにいっそう燃えるのでしょう。

私たちのころは、このごろのように、人前で手をつないで歩いたり肩を抱いたりするなんて、とんでもないという時代でしたから、恋人同士は世間の目を忍んで逢いました。不倫なんて関係でなくても、そっと二人きりでいるからこそ、そして秘め事であるからこそ、お互いの感情はもっともっと強くなるのだと信じていました。

とくに私の場合は、相手が貴族だということで、なおさら世間の目を憚《はばか》ったのです。

ふだんは大勢の取り巻き（その人の音楽仲間）に囲まれていることで、カムフラージュをしていましたが、たまに二人きりで逢うときは「秘め事」そのものという感じで、本当に一分一秒が大切でした。旅に出るときも別々の汽車に乗りました。目的地で落ち合えるまでは心配で心配で、それでも二人きりになれるという幸せで、ドキドキしたものです。これこそ秘め事の極《きわ》め付《つ》きと言うのでしょうか。

深《ふか》くなる・深《ふか》みにはまる

男と女が抜き差しならぬ羽目《はめ》になったときに言います。

「そんなにあの人と深くなっているとは知らなかった」

「あまり深みにはまらないうちに、考えたほうがいいんじゃない」

などというふうに使います。

不思議なことに、男と女の関係を言いあらわす場合、水にかかわりのある表現をすることが多いようです。

〽深く沈みし恋の淵《ふち》

なんて唄もあって、ここでも水に関係した言葉が使われています。どうしてなのかしら。

イモリの黒焼《くろやき》

万病に効《き》く薬としていろいろな黒焼が出ていたころの「惚《ほ》れ薬」です。下谷の黒門町あたりには軒並み黒焼屋さんがありました。蛇、マムシ、スッポンなどは強精剤ということでした。粉になった「イモリの黒焼」を自分が好きだと思う人に呑《の》ませると、相手の人も必ず自分に好意を持ってくれるということを、昔の人は信じていたようです。

私は試したことがないのでわかりませんが、後日オペラの勉強をするようになってから『真夏の夜の夢』がほとんど同じストーリーなので、洋の東西を問わず、人間の考えることは同じなのだナァと思ったことでした。『真夏の夜の夢』のほうは、「イモリの黒焼」のように相手に呑ませるのではなく、相手が眠っているあいだに「草の露」を目にしたたらせます。そうすると、相手が目を覚《さ》まし、初めて見た人に夢中になるというのです。

好きだと思う人にお茶やお酒を呑ませるとき、「イモリの黒焼」を混ぜて、効き目を試した人があったのかしら、聞いてみたいですネ。

浮名《うきな》もうけ

「まえがき」に書いたように、自分が好ましいと思っていた人と浮名が立ったとき、「ああ嬉しい」とか「得しちゃった」とか「もうけちゃった」という感じをあらわす言葉が「浮名もうけ」です。

比翼紋《ひよくもん》

恋人の紋と自分の紋とを合わせて作る紋のことです。たとえば恋人の紋が重ね扇で、私の紋がカタバミだとしますと、扇のなかにカタバミを入れたり、また彼の紋が鷹の羽のぶっ違い（忠臣蔵の浅野内匠頭《たくみのかみ》の紋）で、私の紋が揚羽《あげは》の蝶の場合は、揚羽の蝶の羽を鷹の翼《つばさ》にしたりします。

ある芸者が、自分の紋が橘《たちばな》で恋人の紋が井桁《いげた》で、組み合わせて着物に付けたら、日蓮宗の紋になって、みんなに、

「お祖師《そし》さんの紋付けて、どうしたのよ」

と笑われて、すっかり落ち込んでいました。

着物や帯はもちろん、懐鏡《ふところかがみ》（コンパクト）、お財布、紙入れ、七ツ道具などに、自分の恋人や岡惚れの人の紋を付けるのが流行していまして、若い芸者はみな、やりました。

七ツ道具というのは、七五三のお祝いや花嫁さんが懐に入れている筥迫《はこせこ》を小さくしたもの（幅四センチ、縦六センチぐらい）のなかに、小さな鋏《はさみ》、耳かき、毛抜き、爪《つま》

楊枝《ようじ》、ナイフ、ヤスリを入れてあるものです。小模様の縮緬《ちりめん》の布や紋の付いた羽二重《はぶたえ》でできています。小さいけれど、実に便利で、芸者はみな持っていました。なかに入れてある鋏など、どれもちっちゃくて、オモチャみたいで可愛らしいものでした。

元千代姐さんは、澤瀉《おもだか》（当時の段四郎さん。今の猿之助さん［三代目］のお父様）、廣太郎姐さんは、かたばみ（守田勘弥さん。水谷良重ちゃんのお父様）、春子姐さんはもしを草（先ごろ亡くなられた勘三郎さん［十七代目］が、その当時は「もしを」というお名前だったから）と、それぞれ恋人の紋所《もんどころ》を付けていました。私も一丁前《いっちょうまえ》に恋人の牡丹《ぼたん》の紋を付けていました。着物も牡丹が多かった。春先は牡丹の着物を着ても、牡丹の帯を締めても、季節的に少しもおかしくなかったようです。

ついでに書いておきますけれど、われわれ芸者は、季節的にトンチンカンな着物は決して着ません。たとえば、二月は梅、三月は桃、四月は桜、五月はアヤメや牡丹、六月は芙蓉《ふよう》、七月は紫陽花《あじさい》、九月は秋の七草、十月は菊、紅葉、というように、いつもその季節の花をあしらった着物を着ます。

だから、シロトのかたが、秋に桜の訪問着、春先に紅葉の付《つ》け下《さ》げなんかを着ておられると、なんとも不思議な気がしました。このごろでは、成人式のお振袖など、桜も菊も紅葉も梅も全部付いていますネ。あれは便利ですネ。

首尾《しゅび》をする

男女が逢うチャンスをつくることを言います。戦前、駒形橋のそばに、古い大きな松の木がありました。たいそう枝ぶりの面白い松で、水面に枝がたれていました。これを、みんなは「首尾の松」と呼んでいました。

どうしてそう呼ばれたかと言うと……。

今のようにラヴホテルなどない時代のことです。男女の逢引《あいび》きのチャンスはなかなかありませんでした。誰にも見つからず、しかもしゃれた逢引きが楽しめる場所は、ただ一つ、屋形船《やかたぶね》でした。今のようにモーターがついてバババ……と音をさせて走り、周りにプラスティックの赤い提灯《ちょうちん》が並んでいるような屋形船とは違います。手漕《てこ》ぎの小さな船で、新橋や柳橋の遊船宿《ふなやど》から出ました。畳六畳分ぐらいの大きさで、遊船宿の名前を書いた掛け行灯《あんどん》が一つ灯《とも》っているだけです。

船頭さんは豆絞《まめしぼ》りの手拭いで鉢巻をして、新橋や柳橋の芸者衆の名前が入った半纏《はんてん》を着ていました。船の周りは障子が立て廻してありますから、これを閉めると密室になります。船頭さんは駒形橋のところまで来ると、水面近くまでたれた松の木に船をもやいます。そして障子を閉めて「どうぞ、ごゆっくり」と言って、三時間ぐらい消えるわけです。

このとき、船頭さんにご祝儀《しゅうぎ》（チップ）をはずんで、恋人同士、誰はばからずウォーターベッドを楽しむのです。お月様が出るとなお風情《ふぜい》があるし、闇夜ならまたそれなりに素晴らしい夜になります。それでこの松の木を「首尾の松」と言ったわけ。

「無理な首尾をしてお座敷から抜けて来た」

なんて言い方もしました。

「あたしがチャンと首尾してあげるから大丈夫」

なんて言って、若い恋人同士の逢引きを助けてあげたこともありました。

もう時効だから言っちゃうけれど、有名な長唄の吉住小三蔵さんの息子の辰男ちゃん（のちの小三蔵さん）が、二十歳ぐらいだったかしら、まだ半玉あがりのときちゃんという若い妓《こ》と本当に好き合っていました。

辰男ちゃんは、部屋住み《へやず》（一一二頁）ですから、とても芸者と正式に逢える身分ではありません。ときちゃんも家がやかましく、二人はなかなか逢えません。そこで胸《むね》ポン（一四二頁）の喜春が（といっても、私だって二十二歳ぐらいだったかしら）、何度か首尾をしてあげました。

一週間に一度、豊梅の嘉一郎さん（のちの吉住小完次さん）、西垣勇蔵さん（一九八八年に亡くなりましたが、長唄協会の偉いかたで、研精会の重鎮でした）、鈴木のやっちゃん（のちの吉住小靖次さん）、植松はるみちゃん（のちの吉住小しうさん）、それに私が集まって、三味線の練習会をやりましたので、それにかこつけて二人を逢わせようというわけです。

ときちゃんのところには「東をどりの長唄の打ち合わせをしたいから」と電話をかけ、辰ちゃんのところには、「お三味線の連中が集まって、辰ちゃんのおいでを待っている」と電話をかけては二人を呼び出し、逢わせてあげました。辰男ちゃんのところは、いつもお母さんが電話に出られるので、度重《たびかさ》なると、私もヘドモドしちゃいましたが。

「なにしろ胸ポンの喜春ちゃんがついてるから、辰ちゃんも、ときちゃんも幸せだよ」なんて、おだてられて、私は二人のために相当長いあいだ、首尾をしてあげました。

濡《ぬ》れ場《ば》

これはラヴシーンのことを言います。

「何の気なく入って行ったら、とんだ濡れ場を見ちゃった」

なんて言います。

とにかく、どんなときでも、ラヴシーンのことは濡れ場と言いました。解説の必要はないと思います。解釈の仕様は、人それぞれでしょうけれど。

やらずの雨《あめ》

私の大好きな言葉です。自分の恋人が帰らなければならない。けれども帰したくない。そんなとき、雨がザァザァ降ってくる。

「雨が止むまで待っていらしたほうがいいと思うけど」

なんて言って、引き止める。雨も雪も恋人を足止めするいい理由になります。

私はこれとは逆な経験をしたことがあります。お互いにやっとのことで首尾《しゅび》をして、箱根で逢うことになり、彼は宮ノ下の駅で待っていてくれることになっていました。ところが、その日の朝から台風で、大嵐になり、沿線が大水になりまして、列車は立ち往生。結局三時間遅れて宮ノ下に着いたのですが、二人ともびしょ濡れで逢ったときの嬉しかったこと。これこそ「やらずの雨」の正反対の出来事でした。

「やらずの雨」というのは、いじらしい女の気持ちをあらわしていますネ。雪のほうがもっと足止め理由になるのに、「やらずの雪」とは言いませんネ。どうしてかしら。

降《ふ》りみ降《ふ》らずみ

あとで出てくる「付かず離れず」と同じような言い回しです。天候がぐずついて、今にも降りそうなとき、あるいは、ポツポツと二粒三粒降りだしたようなときのことです。これもちょっと風情のある言葉ですネ。

恋人とふたり、屋形船で出ていこうとしたとき、

「今夜は降りみ降らずみですから、舟をお出ししましょう」

なんて船頭さんが言って舟を出すと、途中でお月様が出てきて嬉しかったことがあります。出発のときがしっとりとした「降りみ降らずみ」だったから、川面《かわも》も周りの空気も澄んでいて素敵だったのを覚えています。

心中立《しんじゅうだ》て

芸者の側からの大切な言葉。
これは自分の誠意を相手に示すことを言います。『娘道成寺《むすめどうじょうじ》』の一節に、

〽誰に見しょとて　紅かね付きょぞ
みんな主《ぬし》への心中立て

というのがあります。誰のためにあたしはお化粧するのか、ご存知ですか。あなた一人のためにだけお化粧するのですよ、と言っているわけ。これが心中立てです。

江戸時代には、この心中立てのために、お互いの名前を腕に入れ墨をしたものです

って。女は「清吉命」とか「吉之助命」とか、恋人の名を二の腕に入れ墨し、男性も「きよ命」とか「小よし命」とか、女の名前を入れて心中立てしたのです。一生心変わりしないということなのでしょう。現代だったら、アッシー君やミツグ君の名前を腕に並べなければならないし、まもなく嫌になって次の男性と付き合おうということになっても、入れ墨なんて一朝一夕《いっちょういっせき》では取れないし、さぞかし困ることでしょうネ。

起請誓紙《きしょうせいし》（あるいは起請文《きしょうぶみ》）

これは、恋人同士の誓《ちか》いを文書にしたもので、「一生心変わりいたさず候」というようなことを書いて、お互いの小指の先からちょっぴり血をしたたらせて、その血で名前を書き、大切に取っておきました。これこそ心中立ての最たるものです。これも今の若い人だったら、お互いにいつも半ダースぐらい用意しておかなければなりませんネ。

ここでとても面白い小唄を入れます。

〽小指切らせてまだ間もないに
　手まで切れとは胴欲《どうよく》な

というのですが、起請誓紙は、小指の先をちょっと切って血を二、三滴したたらせて作るのですから、少し誇張した唄ですけれど、切れてくれと言う男に対して、女が「胴欲だ（ずいぶん自分勝手だ）」と嘆いているさまを言っているのです。

陰膳《かげぜん》

これは心中立ての範疇《はんちゅう》に入れたい。私が結婚した直後、夫がビルマに行き（昭和十八年）、六年間行方不明になっていました。私の祖母はそのあいだ毎日、陰膳を据えていました。祖国を遠く離れて戦っている人が食べ物に不自由のないように、毎日チャンと食事ができるように、家族と同じようにお膳立《ぜんだ》てをして、写真の前に供える。これを陰膳と言います。いよいよ日本中で食べ物がなくなって、お芋のつるや雑草を食べるようになっても、とにかく主人の陰膳は六年間続きました。

わけが有《あ》る

これはとても洒落た言い方ネ。私の好きな言葉です。「あの人とは十年前、一度だけわけが有ったのよ」なんて言われて、「ヘエー」なんてびっくりしたりします。このごろの言葉にしたら、情事《わけ》と書くのかしら。

最近、私がいちばん嫌なのは、テレビでも芝居でも、若い娘さんが「あの人と一度だけやった」とか「まだやってないよ」なんて、堂々と言っていること。あれを聞くと情けなくなります。

「やった」とか「やらない」と言うのは、ワンワンニャンニャンのことです。あまりになまなましくて、若い女性が口に出すような言葉ではありません。「あの人とは一度だけわけが有ったのよ」と言ってください。同じことでも「やった」とか「やらない」とか言うよりは、ずっと慎ましく聞こえますネ。

後朝《きぬぎぬ》の別れ

古い歌にはよく出てくる言葉で、恋人と過ごした楽しい夜が明けた朝の別れのことを言います。

いつの場合も「後朝の別れ」はとても悲しくて、そして甘く辛いものなのです。これは、どなたもご経験済みのことでしょう。

「きぬぎぬ」は「衣々」とも書きますから、私は「きぬぎぬの別れ」と聞くとすぐに、「衣々の別れ」を思い浮かべます。男女が互いに着ていた物を重ねて共寝《ともね》をして、次の朝別々にそれを身にまとうとき、とても辛くて悲しいのだという解釈です。「後朝の別れ」という字を見ると、なるほど、楽しい夜を過ごした後の朝の別れということなのだナとわかりますネ。

だけどやはり「衣々」のほうが詩情があっていいと思うけれど。「後朝（こうちょう）の別れ」とも言うそうですが、なんだか後朝（こうちょう）なんて言うと色っぽくありませんネ。

仲《なか》をせかれる

好きな者同士が引き裂かれる羽目になったときに使います。大洪水になると困るので、大きな川を堰《せ》き止《と》めるときに使うのと同じで、「せかれる」と言いました。「仲をせかれればせかれるほど、なおいっそう逢いたくなる」などと言います。

下駄《げた》をはく

これは実際に下駄をはくという動作とは全然関係ありません。本当に面白い言い方なのです。

あるとき、親友の桃竜《ももりょう》ちゃんに会いました。旅行鞄を持って、シ、ロ、ト、風の大島のお対《つい》で、どこから見ても実業家の若奥様という感じです。

「あら、旅行なの？」って聞くと、

「ええ、湯河原へ行くの」

そして、嬉しそうに、

「あの人がネ、ヨーロッパへ行っていたの。それで、出張の帰りに四日だけ下駄をはいて、私と一緒にいてくれるのよ」

というようなことでした。

これで「下駄をはく」という意味がおわかりでしょう。

戦争前のこと（ということは五十年も前のことですが）、ある有名な政治家が満洲に出張されて、その帰りに三日くらい「下駄をはいて」、新橋の芸者衆と箱根で静養されたのです。彼女とは二十年ものお付き合いですから、われわれが見ても、しっとりした中年のご夫婦という感じです。

その二号さんが、箱根の宿の浴室に簪《かんざし》（ヘアピン）を忘れたのです。エメラルドの周りをダイヤが囲んでいるヘアピンです。たいそう高価な物なので、宿ではすぐご自宅の奥様あてに書留でお送りしました。この奥様が大したかたで、旦那様に、

「あなた、奥様のお忘れ物が箱根から届きましたよ」

とニコニコしておっしゃったそうです。そして運転手さんに、

「西銀座にこれをお届けしてくださいネ」

とおっしゃったので、万事承知している運転手さんのほうがオタオタしちゃった、

ということです。きっとこのあとは、もっとオープンに「下駄をはいて」おられたことでしょう。

もう一つ、とても悪い意味の「下駄のはき方」を書きましょう。ある家政婦さんのことですが、買い物に出るたびに「下駄をはく」のだそうです。八百円の物は千円に、千五百円の物は二千円に、というように見事に下駄をはきます。だいたいシロト屋さんと違って芸者屋はみな忙しいので、金銭的には実に大雑把《おおざっぱ》なのです。三カ月ぐらいたって初めて気がついて、

「あら、ずいぶん下駄はかれちゃった」

なんてびっくりしていた友達がいました。これは、たいそう悪い下駄のはき方ですネ。

お手当《てあて》

サア、今なら何と言うのかしら。月々のお手当と言うと、毎月旦那から二号さんに渡すお金のことです。

「あれだけ充分なお手当いただいているのに、まだ借金だらけだというのはどういうわけ？」

とか、

「別にお手当を決まっていただいているわけじゃないのに、自分の持ち物みたいな顔されちゃたまらないワヨ」

と怒っている友達がいました。

私の友達に、話にならないくらいの浪費家がありました。衝動買いというのか、見る物見る物欲しくなる。

銀座を歩いていて、「白牡丹」などに、ちょっといい簪があると、パッと買ってしまう。「ちた和」や「きしや」のショーウインドーで気に入った着物や帯を見ると、後先かまわず買ってしまう。

これは一種の病気のようなものです。その友達には大金持ちの旦那があって、ずいぶん多分なお手当をいただいていましたが、いつも呉服屋さん、宝石屋さんに借金だらけ。さて、彼女、今はどうしているかしら。どこかの有料老人ホームにでもいるのかな。

立《た》てすごす

女が男の人の面倒を見ることを言います。女性のヒモになる男や、女の人に養われてお小遣《こづか》いをせびる、そんなタイプの男性の面倒を見ることは含みません。海のものとも山のものともわからないけれど、どこか見所がある男性を女が立てすごす。大学生なら、学費や生活費万端《ばんたん》の面倒を見るのです。

芸者に立てすごされて偉くなった政治家や実業家、画家、文士（作家）、音楽家など、たくさんあります。明治維新以来、今日まで数えきれません。あれほど女性関係を手広く持って有名だった伊藤博文さんでも、自分を立てすごしてくれた奥様は大切にされました。「明治天皇とウチのオカカが、いちばん怖いし、偉いと思っている」とハッキリおっしゃっていたそうです。

現在のように、ご自分がちょっと有名になると、不遇時代に苦労をかけた妻とサッパリ別れて、若いガールフレンドを本妻になさる、というようなことはまずなかった。女のほうも、最初から妻子があるのを承知でかかわりあった場合は、糟糠《そうこう》の妻を蹴り出して自分が後釜《あとがま》に入ろうなどという野心は持ちませんでした。

私と同時代の新橋の芸者仲間でも、若いときに苦労して安月給の役人を立てすごし、大使夫人になっている人や、一介の書生っぽを立派に大学教授にされた夫人などがいますし、女性に献身的に立てすごされて有名になったかたがたくさんあります。若いときに女性から「この人は将来何かになるぞ」と目星をつけられる男性というのは、やはり、ほかの男性とはちょっと違うと思いますよ。

実業家でも政治家でも、そうそう調子のいいときばかりではありません。仕事が行き詰まったときに芸者が資金を用立てるとか、また、旦那が商売上、大切なお客様を一流の料亭に招待するようなときに、誰にも知らせず、芸者が全部のお勘定を払っておくとか、また役所関係の盆暮れの付け届けを、男性の顔をつぶさずに、芸者が届けておくというように、目立たないところで内助《ないじょ》の功《こう》をするのも「立てすごす」ということになります。

私の友達で、素晴らしい踊り手だった小ふみちゃんは、戦後の物のないときに、毎夜よく稼いで、お子様がたくさんあった華族様の旦那のところに、「まさか現金では失礼になるから」と、毎週、炭やお米やお砂糖をお届けしていました。これなども「立てすごす」ということです。

こうして女の人に立てすごされて立派になった男性は、例外なく女性（奥様）を大切にしておられます。

殺《ころ》し文句《もんく》

ただのお世辞よりももっと耳に心地よく、そして相手をいい気持ちにする言葉。これを殺し文句と言います。

さて、私がいつも感じるのは、アメリカ人というのは、まったく殺し文句のうまい人たちだということです。アメリカ人はカードをよく使いますが、お誕生日、結婚記念日、父の日、母の日、バレンタインデー、イースター、クリスマスなど、何かの記念日や行事のたびにカードを送り、贈り物にもカードを添えます。このカードに書かれた言葉は、私たち日本人が、ただただビックリしてしまうような「殺し文句」ばかりです。お祖母《ばあ》ちゃんが孫の誕生日に送るカードなんてものでも「あなたのような孫を持ったことは私にとって何という幸せなことか」というようなことを書きます。

親から子供へ、夫から妻へ、妻から夫へ、兄弟姉妹、いとこ、そして友達同士で送るカードに添えられた言葉は、みな「殺し文句」ばかりです。

先日、私はアメリカのパーティに行き、素晴らしい「殺し文句」を聞いて「ウーン」とうなりました。

パーティの主催者は、旦那様が六十歳ぐらい、奥さんが五十五、六歳ぐらいのご夫婦でした。私が部屋に入ると、ご主人がチーズを切ってテーブルのお皿に並べているところでした。メイドさんはカクテルを配っています。白髪の面差《おもざ》しがブッシュ夫人みたいな感じの奥さんが、キッチンから、今朝スイスから届いたばかりだという新しいチーズを持って来られました。

旦那様はチーズの端をちょっと切ってお毒味して、

「ワア、こりゃ、美味しいチーズだ」

とおっしゃいました。すると奥さんが、

「今朝スイスから着いたばかりなの。私はこのチーズがいちばん美味しくて好きなの」

と答えました。旦那様が笑いながら、

「君はとてもよい趣味《good taste》を持っているネ」

と言われますと、奥さんは即座に、

「あら、今ごろわかったの。若いときから私はグッド・テイストよ。あなたを選んだのですもの」

と何気なくケロリと言われました。

うまいナア。これこそ最高の「殺し文句」です。若い人が言ったのではないので、なおよかった。

一事が万事、この調子ですから、アメリカは「殺し文句」の本家本元の国という気がします。夫婦、恋人同士、実によく褒《ほ》め合いますよ。やはり、女は褒められると嬉しい。どんな人でも褒められると悪い気はしません。日本の男性も遠慮なく女の人を褒めてください。

さやあて

三角関係になって、一人の女性を二人の男が争う。または女二人が一人の男性を争う。これを「さやあて」と言います。歌舞伎では不破伴左衛門《ふわばんざえもん》と名古屋山三《なごやさんざ》の「鞘当《さやあて》」が有名です。

私が十六歳のころ、本郷金助町《きんすけちょう》の「第一外国語学校」に英語を習いに行っていたとき、二十八名の生徒のうち女子はたった二人、私と張氷子《チヨウ・ピンシイ》という中国人の女の子だけでした。しかも彼女は短髪のオカッパさんで、ソバカスのたくさんある、いたって女の子ばなれのした子でしたから、私はもてたもてた。食前食後にくどかれていたみたい。毎朝机を開けると、ヘタな英語のラヴレターが入っていて、下谷の黒焼屋の息子の鉄ちゃんと本郷の時計屋の息子の森田君とが、私をはさんで「さやあて」をしていました。私は同級生だという以外、何も感じなかったくらいですから、鉄ちゃんも森田君も普通の坊やであったのですネ。今はどんな老人になっているのかな?

悋気《りんき》

やきもちのこと。嫉妬深い人のことを「悋気深い」と言いました。

〽ふっつり悋気せまいぞと
たしなんで見ても情なや

と唄いますが、絶対にもうやきもちは焼かないと心に誓うのだけれど、情ないことには顔を見ると、つい嫌味の一つも言いたくなる。何とたしなみのない自分かと情なくなる、と言っています。

旦那様がお帰りになると、服装点検をなさる奥様があるそうですネ。キャバレーや酒場、喫茶店のマッチなどのチェックをするんですって。もしもマッチなんかが出てきたら、嫌味を言うぐらいではおさまらず、大乱闘になることもあるようです。きっと、平常は、たしなみのいい奥様なのでしょうけれど。悋気深い人は、何もかもがやきもちに直結しちゃう。不幸なことですネ。

狂《くる》い咲《ざ》き

花の咲く時節ではないのに、思いがけなく花が満開になったりすることを狂い咲きと言います。昨年（平成三年）の十一月には、桜やツツジが咲きましたが、これはまさに狂い咲きです。慎ましい未亡人が若い男性と家出をしてしまったり、相当なお年の女将《おかみ》さんが若い板前さんと仲よくなったりすると、「狂い咲きだわ」なんて言いました。桜やツツジばかりでなく、人間にも狂い咲きってあるのですネ。ときには人間は羽目をはずすこともあります。

のっぴきならない

引くに引けない、どうにも後退《あとずさ》りできないことを言います。恋人同士でも、

「もうここまで追いつめられてはのっぴきならないから、お互いに覚悟しましょう」

なんて言います。

サテ、その結末は駆け落ちか心中か。

でも、とことんまで追いつめられて、それがいい結果になって、両親の反対や周囲のもろもろの事情が好転し、めでたく結婚にゴールインということになる場合もあるのです。

とことん・土壇場《どたんば》

これは最後の最後を言います。「のっぴきならない」と似た言葉ですが、「とことん」まで追いつめられたとか「土壇場」まで来ちゃったなどと言います。

「あの選手は出だしはのろいけど、土壇場で、うんと強くなる」

こんな言い方をします。

昔の仕置場《しおきば》（処刑場）を土壇場と言いましたが、今では究極の、いちばんおしまいの決断を迫られる場とか、最後のギリギリの終点という意味で使っています。

世帯《しょたい》を持つ

このごろでは、まるっきり聞かない言葉ですが、家庭を持つことを、ちょっと下世《げせ》話《わ》に言うとき、「世帯を持つ」と言いました。東京の下町の人は、「結婚する」なんて言わず、「あの人と世帯を持つことになりました」と言いました。また区役所の書類などでも、「世帯主《しょたいぬし》」とか「戸主《こしゅ》」とか言いました。一軒の家の主のことです。「若いのに、もう世帯持ちなんだって」なんて言いました。既婚者のことは、男も女も、「世帯持ち」で通りました。

「世帯やつれ」「世帯くずれ」「世帯染《じ》みた」なんて言葉が出てきますが、これは、生活の苦労が顔貌《かおかたち》にあらわれることを言います。英語にも同様の意味の言葉があって、family exhaustion《ファミリーエキゾースション》と言っています。

結婚式のときには、文字通り、花のような花嫁だった人に三年ぐらいしてから会うと、ゲッソリ世帯やつれがしていることがあります。髪をふり乱して、年子の子供を怒鳴りちらしたりしているのを見ると、悲しくなります。どんなに生活が苦しくても、ちっとも世帯染みない人もいますけれど。心の持ちようでしょうか。

つれあい

配偶者《はいぐうしゃ》のことです。亡くなった柳橋の「柳光亭《りゅうこうてい》」の女将さんが、「つれあいに亡くなられてから」とか、

「つれあいの生存中は」

とかおっしゃるのを聞いて、いい言葉だナアと思いました。いかにも古風で、そして情のこもった言い方ですよネ。

そういえば私の祖母なども、

「私の一存ではご返事申し上げられません。つれあいに相談いたしまして、ご返事いたします」などとよく言っていました。

商家や職人のおかみさんたちは「うちの人」と言っていました。これもいいですネ。

このごろは「つれあい」とか「うちの人」なんて言葉は、全然聞いたことがありませんけど。

仰々《ぎょうぎょう》しい

何か大袈裟に事をおこなうこと。

「あまり仰々しい結婚式なんて、イヤよ。私たち、ただ世帯を持つだけでいいんですから」

「あの人、なんでも仰々しいことが好きなんだから」

なんて言い方をします。

このごろの芸能人の結婚式など、まったく仰々しいと思いますよ。それが、トタンに別れるんですから、困ります。だけど、別れるときもまた仰々しい記者会見をするのですから、何をか言わんやです。

芸能人ばかりじゃない。おムコさんがお色直しを三回もしたり、新郎新婦のお母さんに花束をあげたり、それをまた司会者がお涙頂戴《ちょうだい》的にしゃべったり。ウエディングケーキなんか天井に届くほど高いけど、実は中身は何もなかったり……。ふつうの人の結婚式でも、ただただ仰々しくて安っぽいのが流行していますネ。

女のプロレスの人が十二単衣《ひとえ》でやったときは、さすがに物驚きしない私も飛び上がるくらいびっくりしました。

提灯《ちょうちん》に釣鐘《つりがね》・月《つき》とスッポン

これ二つとも、ひどく身分違いのことを言います。男と女が全然釣り合いの取れないときに言いますが、こんなことも、私たちの時代でおしまい。このごろでは身分の違いなんて聞いたこともありません。

有難い世の中ですネ。

竹《たけ》の柱《はしら》に茅《かや》の屋根《やね》　手鍋《てなべ》下《さ》げても厭《いと》やせぬ

もちろん竹の柱では家は建たないし、茅で屋根を葺《ふ》いても、ちゃんと屋根が保つとも思われません。

だけど、これは、たとえばの話で、どんなあばら屋であろうと、小さな小屋であろうと、好きな人と一緒なら、毎日自分でお鍋でご飯を炊き、そこらの雑草でも取ってきて食べる覚悟があるということなのでしょう。

戦時中は誰でも、疎開地でお芋のつるやタンポポ、野ビル、セリなどを摘んできて食べましたから、その味を覚えている人も多いはずです。

そんな生活をしても自分の好きな人と暮らせたら、毎日がどんなに幸せかを言っているのです。

現在の若い男性が聞いたら、きっと切《せつ》なくて泣いちゃうかも。

賤《しず》が伏屋《ふせや》にすぎたるものは　紅《べに》のにじんだ火吹《ひふ》き竹《だけ》

関西では、

〽九尺二間《けん》にすぎたるものは

となるようですが、火吹き竹がどんなものか、今のかたはわからないでしょうネ。

昔は台所の隅に、薪《まき》で火をおこし、ご飯を炊いたり煮物のお鍋をかけたりする竈《かまど》があって、これを「おへっつい」と言いました。私たちの時代は新聞や古雑誌を使っていましたが、昔は藁《わら》や薪をくべて竈に火をおこし、お湯を沸かし、ご飯を炊いたのです。私だって都会の子ですから、こういうものは戦時中に疎開をした農家で初めて見たのですが、これが、藁クズや新聞でもなかなか火がつきません。ちょっと燃え上がっても、ずっと付きっきりでご機嫌を取らないと、すぐに消えてしまいます。ですから一所懸命、団扇《うちわ》であおいだり、火吹き竹でフーフー吹いたりしながら、火を燃やしました。

火吹き竹というのは、直径五センチ、長さ二十センチくらいの竹筒《たけづつ》で、節《ふし》の先端には小さな穴があけてあります。これで吹くと、吹き込んだ息が何倍かの強さになって、早く火が燃え移るので、火をおこすときに欠かせない道具でした。

「賤が伏屋」というのは、貧しい掘っ立て小屋にも等しい家のことです。「九尺二間」というのは、間口《まぐち》が九尺（約二・七メートル）、奥行きが二間の棟割長屋《むねわりながや》のことです。一間は六尺（約一・八メートル）ですから、二間は十二尺（約三・六メートル）。間口が九尺で奥行きが十二尺というと本当に狭い住まいです。

「賤が伏屋」にしても「九尺二間」にしても、「竹の柱に茅の屋根」的な小屋と思ってよい。そうした貧乏世帯のおカミさんたちは、口紅なんかつけているはずもありませんから、この歌にあるように、火吹き竹に紅がにじむことなんてないはずです。きっと、この歌の女性は「それ者《しゃ》あがり」（一二五頁）の若いきれいな女房で、それこそ手鍋下げてもと、駆け落ち同様にして来た人でしょう。だから夫のために毎日お化粧を忘れず、美しくしていたのだと思います。こんな女性は、

〽誰に見しょとて　紅かね付きょぞ

と、夫に心中立てをして、どんなに貧しくてもお化粧だけはしていたのだと思います。紅をつけるなんて考えられない裏長屋で、たった一つ、火吹き竹に紅がにじんでいたなんて、分《ぶん》にすぎた心理的な贅沢《ぜいたく》（すぎたるもの）であるのです。いじらしい若妻の心づかいなのですネ。

岡惚《おかぼ》れのうちが華《はな》だよ　本望遂《ほんもうと》げりゃ　日《ひ》に増《ま》し苦労《くろう》が増《ま》すばかり

「その通り、その通り」と言いたい唄です。

「岡惚れ」、つまりプラトニックラヴでキャアキャア言っているうちが華で、さて一緒になってみると、案に相違して、あれこれとシンドイことばかりが出てくると言っています。その通り、その通り。

仲のよかった千竜ちゃんは、それこそ八官様《はっかん》（一三〇頁）に日参して、断《た》ち物《もの》（一三一頁）をして、好きだった人とやっと結婚したのに、相手のお母様、お姉様（どち

ら も女子大出）に、箸の上げ下ろしにいたるまで、芸者上がり、芸者上がりと罵られたそうで、二年ぐらいして会ったときには、痩せて痩せて面変《おもが》わりしていたので、胸が痛くなりました。でも子供がいましたので、辛抱して辛抱して、今にいたっています。

また菊千代さんは、長いあいだ好きだった人とやっと一緒になれて、みんなに羨ましがられながら家庭を持ったのですけれど、ここもまた、宮様からご降嫁《こうか》になったという厄介な姑がいまして、「芸者をしていた女と一緒では汚らしい」と言って、食器まで別々に洗ったのだそうです。

ところが菊千代さんはすごく商才のある人で、戦後は焼けた地所にあとからあとからマンションを建てたものですから、お姑さんも旦那も子供も、みな彼女の才覚で養われるようになりました。

宮様あがりのさすがの内親王殿下のお姑さんも、すっかりおとなしいお婆ちゃんになっちゃって、今ではすっかり菊千代さんに下手《したで》に出ています。

歌舞伎の家柄の高い家に嫁いだ人。人気のある関取さんのところに嫁いだ人。私の周りには、「岡惚れ」の時代を経て、やっと本望を遂げて結婚したのに、ひどい苦労をした人がたくさんいます。そして、最後には幸せになる人もあれば、少しも報われない人もあります。

本当に唄の通り、「岡惚れ」のうちが華なのですネ。

眉毛《まゆげ》を読《よ》まれる

「鼻毛を読まれる」と言う人もあります。

語源がわからないのですけれど、誰かに全面的に牛耳《ぎゅうじ》られることです。

「なにしろ、社長もあの二号さんにすっかり眉毛（鼻毛）を読まれてるから、始末が悪いよ」

「あなたも、あの男にあまり眉毛（鼻毛）を読まれないように、注意しなさいよ」

などと言います。

太閤秀吉は、まったく淀君に眉毛（鼻毛）を読まれたかたですネ。

よりを戻《もど》す

何かの理由で別れていた男女が、再び元の関係になること。ご夫婦でも恋人同士でも同じことです。「逢い戻る」と言う人もいますし、また「焼けぼっくいに火がついた」なんて言う人もいます。すっかり焼けてしまったと思っていた木杭《きぐい》（棒杭）に再び火がつくと、もっと熱く長持ちするようです。

〽よりを戻して逢う気はないか
未練で言うのじゃなけれども
鳥も枯木に二度止まる、チト会いたいネ

なんて唄にもあります。「よりを戻す」なんていい言葉ネ。

別《わか》れ上手《じょうず》　別《わか》れ下手《べた》

これこそ男性にも女性にも、とても大切なことだと思います。まず「別れ上手」。別れたあとあとまで恨まれたりしない別れ方のできる人のことを、別れ上手と言います。

私の知っているかたでは、昭和の初めに「日本のヴァレンティノ」と言われた岡田時彦さん（女優の岡田茉莉子さんのお父様）。このかたは美男でもあり、千人切りと言われたほど女性にもてたもてた。でも、素晴らしいのは、別れた女の人が誰もかれも「あの人は素晴らしい人だ」とあとあとまで言っていることです。恨んだり悪く言ったりする女性は一人もいなかった。こういうのを別れ上手と言います。このかたなど、「別れ上手のチャンピオン」と言えるでしょう。

女の人でも、後腐《あとくさ》れなく上手に別れる人がいます。アメリカですと、リズ・テーラーさんや、「ウールワース」の女社長バーバラ・ハットンさん。お二人とも、何人でも旦那を変えて、女性のほうから気前よく手切金を出し、イザコザなしで別れる。女性側にお金があるからできるのですけれど。やはりこれも別れ上手の範疇に入りますよネ。

バーバラ・ハットンさんは、パチリと瞬《まばた》きするたびに、四億ドル入ってくるというくらいの億万長者《ヴィリオネヤー》です。お父様は、十セントストアの何でも屋から叩き上げた人ですが、今ではアメリカ五十州のどんな田舎町にも、赤地に金の「ウールワース」の看板があり、全米で数千もの支店があります［一九九七年に消滅］。

ハットンさんは十三年前に亡くなりましたが、ケーリー・グラント、アリ・カーンなどの有名人を夫にしていました。後年はたいそう東洋づいて、旦那がインドのかただと、典型的なインド風の結婚式をなさり、また次の旦那がフィリピンのかたですと、フィリピン風にというように、その国の仕来《しきた》りにのっとって結婚式をされました。日本の男性のなかで、腕のある人がいたら、角隠《つのかく》しに打ち掛け姿のバーバラさんを見ることができたでしょうに。残念。

お金があればあるほど、別れるときにもつれるケースが多いのに、やはり別れ上手というのは、一つの特技なのでしょうか。

その逆が「別れ下手」。男性も女性も別れ方が下手だと、一生を台無しにしたり、ひどいときには殺されたりします。

平成一年、我が国の偉いかたが、つまらない女の人に足をすくわれて、政治生命を断たれてしまったことがありました。あれこそ別れ下手の見本みたいなものです。まあ、最初《はな》からあんな下司《げす》な女の人をいい女と買《か》い被《かぶ》った思い違いが原因ですけれど、それにしても相手が悪すぎた。

でも、残念なのは、あの偉いかたがもっと別れ上手だったらということです。そうしたら、あんな女にも、マスコミにも、あれほど叩かれなくてもよかったのに。

昨年［平成三年］、ちょうど日本にいたときのことです。明けても暮れても上原謙さんの離婚のことばかり。どこのテレビ局も反論、反論また反論で、初めは面白がっていた私もだんだん嫌になりました。

アメリカでは、大統領が演説なさるときにはちゃんと演出家《コンサルタント》がついていて、いちばんチャーミングに見えるポイントや威厳のあるポーズを指導してくれるのです。私が上原謙さんのコンサルタントなら、彼は世紀の二枚目なのですから、形のよいアデランスをつけて、ワインカラーのアスコットタイでも伊達《だて》に結んでさしあげて、スッキリと、

「年の離れているのは初めからわかっていますよ。去る者は追わず。あんなのはどこへでも行けばいい。私はまだまだこの通り、ボケてもいませんし、お世話したいという女性はひしめいていますよ、ハハハ」

くらい言うように、アドバイスするのに。あんな情ない老醜をさらして、息子に媚《こ》びて、まあ残念と思いました。

上原謙さんの離婚騒動の最中に、ディック・ミネさんの亡くなられたニュース。ディックさんのほうは、四回も結婚と離婚を繰り返したけれど、小気味よく、初めから奥さんの名前で家を建て、別れたあとでイザゴザのないようにその家を奥さんにあげて、自分のほうから出ていく。だから女があとでゴタゴタ言わない。アラカン（嵐寛寿郎）さんもそうだった。

上原謙さんとディック・ミネさん。八十ウン歳の別れ上手と別れ下手の見本を見せていただいたみたいです。別れ上手と別れ下手の違いがハッキリと出てしまいました。

これを書いている最中に上原謙さんが亡くなられたのですが、あるテレビの番組のなかで美川憲一というかたが、

「あの女の人もあと二カ月ぐらい黙っていりゃ、よかったのよネエ」

とおっしゃっていましたが、私も同感です。あの雅子さんという人もあんな汚いことをなさらなければ、たった二カ月ぐらいの違いで「年の離れた夫を大切に看取《みと》ったいい奥様」で通ったのにネ。

自分が人妻でありながら、今度の男性に結婚の約束をして、それを履行《りこう》しないと訴

えるなんて、ちょっと自分でもおかしいと思わないのかな?

上原さんのように、あんなにきれいなお顔の二枚目は再び出てこないと思います。アメリカでもロバート・テイラー、ラモン・ノバロ、タイロン・パワー、ほんとうに美男子スターがいました。

今ではアメリカでも日本でもジャガイモみたいなお顔のスターがたくさんいます。昔ならチャールズ・ブロンソンなんか敵役《かたきやく》より使わなかったでしょうに……。

とにかく、上原さんて不幸な人でしたネ。あの女の人に引っかかったのが、まず災難だったのよ。

愛想《あいそ》づかし

別れ方のことから連想されるのが「愛想づかし」。相手の人に別れたいという意思表示をすることですが、自分が別れたくて言う場合と相手の将来を考えて言う場合とがある。歌舞伎の『籠釣瓶《かごつるべ》』の八ツ橋や花井お梅のように、相手が別れたくないと思っているのに、満座《まんざ》のなかで愛想づかしをしたら、男に恥をかかせることになる。そして結局、殺されたりという結果になります。

この二人とも、お金はふんだんに絞っておいて、ほかに恋人があるから別れると言うのですから、男が殺す気になるのも無理はないと思いますよ。

『椿姫』のマルグリートや『鶴八鶴次郎』の鶴次郎、『残菊物語』のお徳の場合は、相手の将来を考えて身を引こうと決め、そのために心にもない愛想づかしを言う。やっと事情がわかって誤解がとけて、天下晴れて一緒になれるというときになって、女が哀れに死んでいく（『鶴八鶴次郎』の場合は、男が哀れですが）。

あれやこれやいろいろの立場で、男からも女からも愛想づかしをすることがありますが、これも別れ上手《じょうず》と別れ下手《べた》の違いで、自分の身を滅ぼし、生命を失う結果になることさえあるのです。

つれない

情《じょう》が薄くて冷たいことを言います。「なんてつれない人だろう」と嘆きますが、まるっきり見向いてくれない。

「つれない別れ」なんていうと、本当に女には辛い別れです。「あんまりそれは、つれないわ」と言ってもしかたがない。最初から冷たい人なんだから……。

ここですぐに思い浮かぶのは『籠釣瓶』の八ツ橋のつれなさです。

「花魁《おいらん》、そりゃ、チトつれなかろうぜ（袖《そで》なかろうという人もいます）」

と言って男が嘆いても、さんざんお金を絞ったあげくのことですから、実につれない態度をします。

花井お梅にしても、実直で田舎者の男をつれない態度であしらい、殺しに来た男を逆に殺してしまう。

男のつれないのは、女にとっていちばん悲しいことでしょう。夫の不遇時代に一所懸命、貢いで尽くしたのに、成功したらケロリと若い女の人と一緒になる。私の時代にもよくありました。

だけど今は反対ネ。女の人がつれなくて、泣いている男の子がたくさんいますよ。

女の色気・男の色気

褄《つま》はずれ

お茶の飲み方でも、ご飯の食べ方でも、襖《ふすま》の開け方でも、全部の動作を「褄《つま》はずれ」と言います。

「あの人は本当に褄はずれの上品な人ネ」

なんて言います。

「あの奥さんはどうも褄はずれがガサツだから、お育ちがあまりよくないんじゃないの」

とか、

「なんといっても褄はずれが大切よ。どこでどなたが見てるかわからないからネ」

こんな使い方をしました。語源はわかりません。

このごろでは、襖はないし、テーブルマナーとやらでフォークやナイフの使い方は教えてくださるようですが、毎日のご飯の食べ方は教えていないようです。やはり日本人だったら、日本の毎日の褄はずれが大切じゃないかしら。

夜目《よめ》遠目《とおめ》笠《かさ》のうち

誰もかれもが美しく見えるときを言っています。夜、暗いところで見たとき、遠くでチラリと見たとき、本当にあのときはうんと美人だと思ったのに、なんてことがよくありますネ。また、笠のうちというのは、笠をかぶった顔の一部が見えるときのことです。市女笠《いちめがさ》にはベールのような薄衣《うすぎぬ》がたれていました。だから誰でもきれいに見える。また、雨が降っているとき、藤色や緑色の蛇《じゃ》の目《め》をさして立っている女性がすごく美人に見えることがあります。これは「傘のうち」ということになるでしょうか。「夜目遠目笠のうち」とはよく言ったものです。そうそう、これともう一つ、どうしても書いておきたいことがあります。

新橋の花街《かがい》では、六月から九月まで、芸者の乗る人力車に黒の紗《しゃ》を張りました。今でも、ときどき人力車が走っているのを見ますが、カーキ色のカンバスクロースみたいなものを張っていて何だか軍隊の装甲車みたいで色気のないことおびただしい。私たちのころは黒い紗を張ってありましたから、中が透き通って見える。ただ中が見えるだけじゃない、紗を通して見えるのです。黒い紗越しに島田《しまだ》を結って、ちょっと斜めに構えて座っている芸者は、誰もかれも美人に見えたと思いますよ。

夕闇のなかで、紗を一枚通して、ほんのりと浮かぶ日本髪の芸者姿を見たら、本当に美しいのです。よく若い男性が車のあとを走ってつけて来たりしたことがありましたが、演出としては百パーセントの効果があり、芸者にとっては有難いことでした。

色《いろ》の白《しろ》いは七難《しちなん》隠《かく》す

昔は、女にとって、色の白いということはとても大切なことでした。私の祖母に言わせると、「七難」というのは、口が大きい、額が広すぎる、目つきが悪い、顔が長すぎる、また反対に顎《あご》がなくて短すぎる、眉毛が薄い、ちぢれっ毛、くせ毛、色が黒い、ということになるようですが、肌の色が白いのは、こうしたことを全部カバーできるということです。色白というのは、女にとっては何よりのことでした。

実は、私は、幸か不幸か肌の色が白いので、相当ダークな化粧品をつけないと病人みたいに見えてしまうのですが、このごろでは、とくに色が白くなくても、かなりダークなファンデーションをつける人が多いようです。

それに、くせ毛やちぢれっ毛などは「七難」のなかに入っていたのに、このごろではわざとちぢらせているようです。ワンレンとかいって、まっすぐな髪形も流行しているけれど、これもストレートパーマをかけたり、朝シャンをしたりと、いろいろ面倒なおしゃれをしていますネ。

個性的というのがもてはやされて、どんなオカメでも美人になっちゃう。暮らしよい世の中になりましたネ。

才色兼備《さいしょくけんび》

白痴美といって、素晴らしい美人なのにオツムの中が空《から》っぽという人がいます。アメリカではdame blondと言って、美人で頭の悪い金髪が映画の中によく出てきます。

才色兼備のほうは、美しいうえに頭がいいのですから、これはたいしたものです。

私たち芸者仲間でも、美しくて頭のいい人がたくさんいました。だけど、一生を通じてみると、才色兼備だからといって必ずしも幸せになるとは限りません。拙著『いきな女たち』『ひたむきな女たち』にも出てきますが、才色兼備なのに、本当に恵まれない一生を送る人、その反対にあまり頭がよくなく、お顔のほうももう一つ、というような人が幸福の限りを尽くすこともあります。

やはり、生まれつきの運命というのかしらネ。

一目千両《ひとめせんりょう》

目がとてもチャーミングな人のことを言います。

また、若い娘さんで、目づかいのすごく可愛らしい人がいます。こういう人も一目千両と言います。

中年のかたでも目の色っぽい人がいますし、また歌舞伎の役者さんのなかには「一目千両」と言われる人がたくさんあります。今は誰も、こういう言い方はしないけれど。

「目は口ほどにものを言う」と言われるくらいで、目の使い方一つで自分の意思表示ができるわけです。

小股《こまた》の切《き》れ上《あ》がったいい女《おんな》

これはまたいろいろな解釈があります。足の指のあいだまで磨き上げて清潔な女の人とか、襟足《えりあし》のスッキリした人とか、耳の後ろまで磨き上げてある人とかいろいろ言いますが、ともかく、そこらじゅうがスッキリと清潔な人を言うのだと思います。今だったらどんな人を言うのかな。「小股の切れ上がったいい女」と聞いて、読者のかたは誰の名前をあげるのでしょうか。

風情《ふぜい》がある

情緒のあること。独得の雰囲気があるっていうような意味かな。六十年前（アア、イヤンナッチャウ。私の初恋のロマンスは六十年前ですよ）、私は好きな人と京都に行きました。その日京都は雨でした。

「雨の京都って風情があるネ」
と彼は言いました。雨の嵐山は、本当にしっとりとした情緒がありました。今でもはっきり覚えています。雨の渡月橋はひとしお風情がありました。
再び『娘道成寺《むすめどうじょうじ》』ですが、
〽さわらば落ちん風情なり
と表現されているのは、なよなよと女らしく、男性が保護してあげたくなるような女の人のことです。また、たいそうコケティッシュな女の人も、男性からすれば、「さわらば落ちん風情」に見えるようです。

お蚕《かいこ》ぐるみ

これは文字通り、お蚕さん（繭《まゆ》）からとれる絹、その絹物ずくめの人のことを言います。

いつも絹の着物を着ているということは、たいそう贅沢な生活をしていることを意味します。

ただし、芸者は例外で、たとえ仕込《しこ》みっ子でも半玉《はんぎょく》さんでも、柔らかい物を着せます。踊りのお稽古のときなど、木綿やウールのものだと、ゴツゴツして身体の線が出ないのです。でも、夏場のお稽古の場合だと、浴衣《ゆかた》でやります。ビショビショに汗をかくからです。

贅沢な二号さんの生活を振り捨てて、若い絵描きさんのところに飛び込んでいった友達のことを、私たちはちょっと羨ましく、またちょっと心配でこんなふうに言いました。

「なにしろお蚕ぐるみだった人が、あんな世話場《せわば》（一六二頁）で辛抱できるかしら」

おちゃっぴい

幼いくせに生意気なことを言うのだけれど、どうも憎めない、そんな子供を「おちゃっぴい」と言いました。

初々《ういうい》しい

若い娘さんの、世間ずれしていないさま、恥じらいながらの可愛らしい仕草を初々しいと言いますが、このごろは初々しい娘さんなんてほとんど見かけません。日教組のおかげでしょうか。

「初々しい新妻」なんて言い方もあります。

また歌舞伎の女形を見ていただくとわかりますが、町娘では『お染久松《そめひさまつ》』のお染、『お半長右衛門《はんちょうえもん》』のお半、またこれはお姫様ですが、『廿四孝《にじゅうしこう》』の八重垣姫、『太功記《たいこうき》』十段目の初菊などは本当に初々しい動作をします。

女優さん以上に可愛らしさを誇張して表現しなければならないせいか、どの女形も、本当にやさしい初々しさを感じさせます。

いくらウーマンリヴの世の中でも、若い娘さんは可愛らしくて、初々しさがあったほうがいいと思いますけれど。

初心《うぶ》

これをウヴと読みます。

日本語て面白いですね。「海女」と書いてアマと読み、「時雨」と書いてシグレと読み、「海苔」と書いてノリと読む。

初心というのは、世間を知らない、世の中の荒波をまるっきりかぶったことのない初心な心の人を言います。

彼と初めて逢ったとき、私は新橋の自前芸者《じまえげいしや》で若手として売り出していましたから、私のことを花柳界の水を相当飲んだ、わけ知りの芸者だと思っていたようでした。ところが、まるっきり温室育ちの世間知らずだったので、

「まさか芸者をしていて、こんな初心な人とは思わなかった」

と呆れられたものでした。

新橋の若い芸者は一種の温室育ちで、私ばかりでなく、初心な人が多かったようです。

海千山千《うみせんやません》

「初々しい」とは反対に、海に千年、山に千年住んだというくらい世間ずれのした人、あるいは悪知恵の発達した人、悪い根性の人のことを言います。

私の知人の一人息子が、お金を巻き上げることのうまいホステスさんに夢中になりました。お母さんは「人もあろうに、あんな海千山千の女に引っかかって」と嘆いておられました。

ばらがき

これこそ、あばずれのことです。お芝居の鬘《かつら》で、ばらがきというのがあるのですが、まったく髪をざんばらにして、いかにもあばずれ女の髪形です。

「ありゃ、ばらがきだから気をつけたほうがいいよ」

「あんなばらがきとは思わなかった」

というように言います。

このごろ流行のフラッパーというヘアスタイルは、髪をざんばらに散らしていますが、私は美容院にセットに行くお金がないのかと思いました。

手《て》玉《だま》に取《と》る

「すご腕」と似ています。要領よく人を利用して自分の利益にする人を言います。女性でも、たくさんの男性を「手玉に取って」有名になったりお金持ちになったりしている人がたくさんいます。この言葉はそうとうの悪口のなかに入ります。

嘘八百《うそはっぴゃく》

これが出てきました。

嘘八百というのは、八百も嘘を並べることで、たとえば好きでもない人に対して、うんと好意を持っているみたいに言ったり、ちっとも逢いたくない人に、どんなに逢いたく思っていたかと言ったり、また心のなかでうんとさげすんで、せせら笑っていても、その人一人を頼りにしているみたいに言ったり……。そりゃ、八百ぐらいの嘘はつくかもしれませんネ、腕のいい人は。

大物食《おおものぐ》い

いわゆる大物、つまり有名な人とばかりかかわりを持ちたい人のことです。芸者のなかには、政治家でも芸能人でも、絵描きでも文士でも、音楽家でも、とにかく大物とばかりねんごろになる人がいましたし、同じ浮気をするのでも、有名な人でなきゃ、いやだなんて人がいます。

そんな人のことを大物食いと言いました。

このごろでは大物を食ったあとで訴えて、たくさんお金をとろうなんて、とんでもない女の人がいますから、有名人は御用心御用心。

すれっからし

幼稚園に通っていたころ、あるいは小学校の低学年だったとき、近所には「すれっからし」と言われている子がいました。私はよく祖母や母から、

「あんなすれっからしと遊んじゃだめよ」

と言われました。今ならきっと非行少年になる素質のある子だったかもしれませんし、ただ、「こまっしゃくれた」子だったのかもしれません。こまっしゃくれた子供というのは、子供のくせに人ずれのした子、大人みたいなものの言い方をしたり、生意気に大人に口答えする子を言います。

「すれっからし」なんて、このごろは耳にしない言葉ですけれど、今はそこらじゅう「すれっからし」的な人間ばかりで、とくに「すれっからし」が目立たなくなっちゃったのかしら。「すれっからし」が当たり前な世の中になったのでしょうか。

私たちの時代には子供は子供らしく、と言いました。子供ばかりじゃない。男は男らしく、女は女らしく、奥様は奥様らしく、おかみさんはおかみさんらしく、芸者は芸者らしく、と、この、らしくがとても大切でした。現在のようにユニセックスとか

言って、女は男らしく、男は女らしくという世の中はとても想像できなかった。

もどき

梅もどきという植物があります。梅にとても似ていますが梅ではありません。このごろは奥様もどきのホステスさんやお嬢様もどきのOLさんがいます。何しろ女性もどきの男性がたくさんいる世の中ですから。

色消《いろけ》し

きれいであるべき女の人が、醜い動作をしたときに使います。若い娘さんが大アクビをしたり、きれいな女の人が汚い言葉遣いをしたりすると、

「マア、色消しネ」

と言います。

女らしい色気がみな消されてしまうという意味です。

今から二十年前、アメリカでも、スラックスをはいた女性はいいレストランに入れませんでした。女らしい優雅さがなく、ドレスアップしたほかのお客様に対して失礼だ、ということで、店に入るのを断られたのです。アメリカでも女性のスラックス姿は「色消し」だと思われていたのですネ。

私の見たところ、やはり若い女性がジーパンをはき、アグラをかいているのは、「色消し」の最たるものと思いますよ。

大雑把《おおざっぱ》

「大まか」と言う人もあります。細かいことはおろぬいて、だいたい、大づかみにものを束ねるというようなことだと思います。

「急ぐから、大雑把に数えてください」

「あまり大雑把なことしか知らせてくれないから、ちっともわからない」

なんて言います。

私喜春はこの大雑把もひどいもので、これでも女かと言われるくらい、細かいことは皆おろぬいて、大づかみにものを考える性格です。だから、私の買い物の早いこと。皆さんびっくりされます。それだから直腸癌の手術、骨折の手術、セラミックスの人工関節を入れる手術、また今年は目の手術なんてやっても、ちっとも痛くないうちに治っちゃう。これみな大雑把な性格の賜物《たまもの》でしょうか？

鼻《はな》つまみ

皆に嫌がられる人。女の人でもいますよ。人と人とを喧嘩させたり、アッチのことをコッチで言い、コッチのことをまた向こうで言ったり、また人の悪口や噂話をするのが生き甲斐みたいな人がいます。初めはいいけれど、だんだんとわかってくると、誰もが敬遠するようになります。

「あの人はうるさいから、呼ばないことにしましょうよ」

なんて言われる人、これを鼻つまみと私たちは言います。

いけ

私たちは何か言葉を強めるときに、アタマに「いけ」をつけます。まず「いけ好かない」。ただ好かないよりはズッといやらしさが強まりますネ。「いけ図々しい」。これもただ図々しいよりずっと「いけ図々しい」。たとえば、大勢が列を作って待っているところに、サッと横から割り込んで来る人。だいたい中年のオバサンに多い。こういう人は「いけしゃあしゃあ」とやるから、なおさら憎らしい。

いけぞんざい

私たちは言葉や動作の荒々しい粗雑なときに「いけぞんざい」を使います。また、手仕事の手を抜いているようなとき、たとえば洗い張り屋さんや仕立て屋さんが、あまり雑な仕事をしてくれたときには、

「あそこは、あまりいけぞんざいな仕事をするから、もう二度とあの店には出さない

ワ」

などと言いました。

毎日使っている言葉なのに、語源はよくわかりません。

このごろの若い娘さんたちは、満足なご挨拶ができないばかりか、正座もできないから、「弁天小僧」じゃあるまいし、いきなり胡座《あぐら》をかいたりします。若い女性が胡座をかくなんて、私は弁天小僧より知りません。

歌舞伎の『白浪五人男《しらなみごにんおとこ》』。この白浪というのは泥棒のことですが、そのなかの弁天小僧の菊之助という若者は、いつもしとやかな美しい武家娘の姿で強請《ゆすり》、たかりをやっている。ところが浜松屋という呉服屋の一幕で腕の彫り物が見えたので、相棒の南郷力丸という泥棒と打ち合わせて、いきなり胡座をかき（これを見現《みあらわ》しと言いますが）、ここで「知らざァ言って聞かせやしょう」の名台詞《せりふ》になるのです。見現しというのは、お姫様が実は鬼女《きじょ》であったとか、しとやかな武家のお嬢さんがすごい大泥棒であったとか、見物が見当もつかなかったキャラクターに変身することを言います。

このごろでは、初対面の娘さんが「いけぞんざい」な言葉で話すうえに、平気で胡座をかくんですもの、びっくりしますよネエ。正座をすると足が曲がるからというのが、胡座をかく理由ですって。

素《そ》っ気《け》ない

とくに女性の場合は、まるっきり愛嬌《あいきょう》のない人のことを言います。「味も素っ気もない」と言いますが、男の人でもありますネ。

東京のタクシーの運転手さんのご機嫌の悪いこと。全然返事もしてくれません。「素っ気ない」以上のものがあります。

また、先日、久し振りにお会いした五人のかたたちと、相当名の知れたお店でシャブシャブを食べたときのことです。話がはずんで、お昼の十二時半から食事をして、二時十五分くらいになりました。すると着物を着たウェイトレスのお姉さんが、

「もう、ここは閉めますから、お勘定を済ませて、お立ちになってください」

とハッキリ言いました。これなんか、マッタクひどいわよネ。

タクシーの運転手さん、ウェイトレスのお姉様たち、こうした接客業の人たちが素っ気ないのは、やりきれないですネ。

「素っ気ない」には別な意味もあります。若いとき、私は自分の好きな人に対して、人前ではわざと素っ気ない素《そ》ぶりをしました。大勢の宴会で、その人のそばに行きた

いのに、わざと遠くに座ったり、なるたけ顔を見ないようにしたり、やっとそばに座って（内心はドキドキしているくせに）その人に話しかけられても、素っ気ない返事をしたり。そういう素っ気なさは、きっとはたで見ていて、可愛いものでしょうネ。

心《こころ》ばえのいい人

思いやりがあって、暖かくて、男性のためによく尽くす人。そんな人を心ばえのいい人と言いました。

私の新橋の先輩、後輩にもたくさんいますし、アメリカでも心ばえのいい女性をたくさん知っています。

レーガンさんと争ったマンデールさんが、自分が大統領になったら必ず副大統領に、とおっしゃっていたジェラルディン・フェラーロ女史は、

「十人兄弟の貧しいイタリー移民の子に生まれて、法律の学校へ行くのにウェイトレスをしながら勉強したのよ」

と明るくおっしゃる。

結婚してからも、三人の子供を育てながら主婦業と法律の仕事をチャンと両立させたかたです。現在では子供さんたちも成人され、ご自分は検事さんですけれど、ご主人とご一緒のときは、旦那様をとても大切になさっているのがよくわかります。このかたこそアメリカの女性のなかでも、心ばえのいい女性だと私は思っています。

心《こころ》くばり

現在では「気くばり」という言い方が流行《はや》っていますネ。私たちのころは「心くばり」と言いました。人の感情を傷つけないように思いやりの心で、また暖かい気持ちでどんな人にも愛情をもって接することを言います。「なんて心くばりの細かい人かしら」とか「あの人の心くばりには誰もかなわないワネ」などと言います。

ニューヨークに留学する若い人たちは、この「心くばり」なんて全然考えない人が多い。私は、桜祭り、夏祭り（お神輿《みこし》を出したりする子供も含めて、日本人学校がやります）、菊祭りなど、日本人のイベントに日本の女子学生を五人、六人と連れて行きます。みなさん、着物は持っていません。だから着物、帯、襦袢《じゅばん》、裾《すそ》よけ、足袋《たび》、草履《ぞうり》、帯上げ、帯締め、髪飾りなど、みな私のものを使います。また、着付けや髪を結うのも私がやってあげます。もちろん全部ボランティアです。

　さて、現場に行ってお昼になると、彼女たちは、会場で出されるお弁当を勝手にサッサと食べてしまいます。ところが、ただ一人、しのぶちゃんという子は、私のお弁当をちゃんと持ってきてくれ、自分はいちばんあとでいただき、食べ終わると、みんなの分まで片づけて後始末をします。こんな心くばりのできる子はほかにありません。

また、私の貸した着物や下着、足袋、草履などを、女子学生たちは大雑把に一つの袋にクチャクチャに突っ込んで返してよこします。着物の畳み方を知らないから、というのがその言い訳ですが。この場合もしのぶちゃんだけは、足袋はちゃんと洗ってアイロンをかけ、下着や裾よけもアイロンをかけてきちんと畳み、たとえチョコレート一袋でもお礼をつけて返してきます。

　もちろん私は貸衣装屋じゃないから、お返しは期待していません。でも、着物から草履からクチャクチャに袋に突っ込んで、「またお願いしまァーす」なんて、ほうりこんでいかれると、悲しくなります。

　しのぶちゃんは、早くにお母さんが亡くなられ、お父様一人の手で育ったとのことです。お父様が偉かったのだと思いますよ。本当に一事が万事、何をさせても心のこもったことをする女性です。このしのぶちゃんのような気づかいをすることを「心くばり」と言うのです。

針供養《はりくよう》

私たちのころは、一般の家庭の主婦が、毎日針仕事をしていましたから、一年に一回、二月八日に、浅草の淡島《あわしま》神社に行って、折れたり曲がったりした針のご供養をしたものです。淡島神社は、観音様から花屋敷に行く左側にあるお社です。女性の諸芸の神様で、女の習い事、三味線、踊り、ソロバン、書道、裁縫など、そのころの女の身につける芸のすべての守神ということで、娘も人妻もおばあちゃんも、みな信心していました。

先日、銀座のデパートに針を買いにいったら、針は売っていませんでした。ただ、手芸品売場に刺繡《ししゅう》用の針があっただけ。でも半衿《はんえり》をかけたり、綻《ほころ》びを縫ったりするのに太い刺繡の針は使えません。

とにかく、もう針仕事なんてする人がないのですネ。

割《わり》を食《く》う

何か比較されるものがあって、自分のほうが損をすること。

ある放送局に行ったときのことです。私の出る番組が始まる十分ぐらい前に、ある男性の演歌歌手とそのマネージャーがスタジオに入ってきました。歌手のほうはこれから売り出そうとするズングリとした若者でしたが、マネージャーのほうは、長身で、草刈正雄さんタイプのハンサムな男性です。

私は思わず、

「あの歌い手さん、割を食っちゃうわ。あんなハンサムなマネージャーがついて来ちゃア」

と言いましたら、まわりの人もみな同意見でした。

見合いのときに、美人の妹なんか連れて行ったら、花嫁候補が割を食っちゃう。といって、あまりドッシリとしたたくましいお母さんがついていくと「この娘も将来こんなになっちゃうだろう」と思って、おムコさんが考えちゃう。むずかしいものですネ。

いかず後家《ごけ》

後家というのは未亡人のことなのだけれど、最初《はな》からお嫁に行く気がなくて中年になってしまった人のことを悪口半分に「いかず後家」と言います。

このごろ、私のまわりには、マア、いかず後家の多いこと。いったいこれは、どうしたことでしょうネ。親のところに住んで、毎日の生活に何の苦労もなく、収入はみな自分のために使えて、好きなときに海外旅行もできる。独身貴族なんて言葉があるくらいだから、いかず後家のほうがずっとハッピーということになりますネ。

高望《たかのぞ》みの売《う》れ残《のこ》り

「いかず後家」の姉妹篇みたいなものです。

理想の男性は、生活能力が充分あって、姑なんかいなくて、自分の家があって、クルマがあって、背が高くて、ハンサムで、一流大学を出たエリートで……これじゃ、結婚しようにも、なかなかお相手はいないわよ。

配偶者の条件をアレヤコレヤ、堂々と述べる人がいますが、ご自分で鏡を見てからおっしゃったら、と言いたいときがあります。男性だって、やはり選ぶ権利があるんだもの。

三《さん》の酉《とり》の売《う》れ残《のこ》り

浅草に鷲《おおとり》神社という神社があり、十一月の酉の日に大祭がおこなわれます。これは、俗にお酉様といって、東京の人たちには大切な年中行事です。酉の日は十二日ごとにめぐってきますから、その年によって「一の酉」「二の酉」「三の酉」と三回も酉の市が開かれる年もあります。

この神社では、商売繁盛の大きな熊手《くまで》（お金をかき集めるための熊手です）を売っておりまして、その熊手にはおかめさんのお面がついています。福々《ふくぶく》しくて、とても可愛い顔のおかめさんなのですが、やはり器量《きりょう》のいいほうからどんどん売れてしまいます。

　そこから「三の酉の売れ残り」と言うと、まったくのブスのことになります。「なにしろ、あの子は『三の酉の売れ残り』だから」なんて言ったら、きっとまた差別用語で引っかかることでしょう。

女好《おんなず》きの色嫌《いろぎら》い　女嫌《おんなぎら》いの色好《いろず》き

　私たち芸者は、お客様の種類をバッサリ二つに分けていました。

　まず「女好きの色嫌い」から。女の子を集めて着物や帯を買ってくださったり、お小遣いをくださったり、美味しいものを食べさせてくださる。また、お芝居に連れて行ってくださる。

　これが決して一人の女の子にだけではありません。気に入った芸者を三人、五人といつもそばに置いて、楽しくて仕方がない。でも特定の人と深入りするなんてことは絶対ない。そんなお客様のことです。

　これはたいそう安全なお客様で、旦那やパトロンのいない若い芸者にとって本当に有難い存在でした。よく考えてみると、こういうかたたちは、何といっても結局は奥様がいちばん大切と思っておられるんです。

こうしたお客様のお宅には、若い芸者がよく遊びに伺わせていただき、奥様とも仲よしにしていただきました。

菊池寛先生、西条八十先生、東郷青児先生、伊藤道郎先生など、どのかたも若い芸者を集めて、奥様もご一緒にいろいろなところへ連れて行ってくださいました。お商売なんて忘れてしまうぐらい楽しかった。

東郷先生ご夫妻は、芸者屋である私の家によくいらしてくださり、私の祖母など、「品がよくて、美しくて、やさしくて」と、奥様の大ファンになりました。私たちもよく久我山の先生のお宅に伺いました。そしてご一緒に泳いだり、お三味線を弾いたり、展覧会や映画や音楽会に連れて行っていただきました。

そういうお客様とは正反対なのが「女嫌いの色好き」

これは女の子と会話を楽しむとか、みんなで美味しいものをいただくとか、そんなことは、とんでもないというタイプ。

一見、謹厳そのものですが、正体は全然違う。そのものズバリ、深く静かに潜行するというスタイルで、たいそう危険なお客様。こういうかたは、われわれもすぐに見抜いちゃって、芸者仲間では評判が悪かった。

いくらお金のあるかたでも人気はまるっきりありませんでした。

実《じっ》がある

これは誠意のあることを言います。この反対を不実《ふじつ》と言います。今のようにオシメを洗って子育てに協力してくれるとか、横断歩道を渡るときに腕を抱えてくれるとか、食事を作ってくれるといったやさしさとは全然違ったやさしさが、昔の男性にはあったように思います。どんなことがあっても女をしっかり守ってくれる。「黙ってオレについてこい。絶対に不幸にはしないぞ」と、一見たいそう強い言い方に思われますが、これが私たちのころの男性のやさしさであったと思います。

昔は社会的な約束事やしがらみが非常識なくらいありまして、若いかたには考えられないでしょうが、そういったものが、若い恋人たちの仲をさいたのです。純真な人はそのために気が狂ったり、自殺をしたりしました。また、弱い恋人たちは、周りの軋轢《あつれき》に耐えかねて心中をしました。そんなときに、どんな立場になっても絶対に自分の思いこんだ女性は離さないと、しっかり抱きかかえてくれる男性が、実《じっ》のある、やさしい人ということになります。

私が不思議でならないのは、このごろは、若い恋人たちの心中を聞いたことがない。八十歳くらいの老夫婦が配偶者の看病疲れで無理心中する、なんていうのはさかんに新聞に出ていますが、昔は心中するのは若い恋人同士に決まっていました。

千代梅さんという新橋の若い芸者が、天才ピアニストの近藤柏次郎さんと心中したとき、私は十八歳くらいだったかしら。

「なんて実《じつ》のある男性かしら」「だけど心中するなんて弱いと思わない？」「でも羨ましいナ」

当時、私たち若い芸者仲間は、ロマンティックな心中に憧れて、羨ましがったものでした。命がけで愛し合うなんて、本当に実《じつ》のある男性ですよネ。

不《ふ》実《じつ》

「実《じつ》がある」とは正反対の意味で、たいそう調子のいいことを言うけれど、まるっきり誠意のない人のこと。

「あんな不実な人はダメヨ」

なんて言い方をします。

奥様が亡くなられ、正式に後添《のちぞ》い（後妻）になさるということで、芸者をやめ、ご本宅に入ったにもかかわらず、三十年も家政婦さんとして辛抱して、とうとう正妻にならずじまいで終わった女性がいます。いくらそのかたのお身内（とくにお嬢様）が反対されたといっても、それを押し切れなかったとは。こんなかたは、不実な男性の見本みたいなものですネ。

それと反対に、

「あの人は決して不実なことはしないから、大丈夫」

と、人物に保証をつける言い方もあります。

銀流《ぎんなが》し

女たらしのことです。私たちは女の人を次から次へともてあそぶ人のことを言いました。「もてあそばれた」なんて言葉もこのごろでは聞きませんネ。アメリカでは、日本の女性にもてあそばれて、うんと貢がされたあげくに、捨てられて落ち込んでいるアメリカの男性がたくさんいます。世の中も変わりましたネ。

日本人の若い女性（留学生）はなかなかしっかりした人が多くて、アパートの部屋代、月謝など、一人ではシンドイとなると、アメリカの男性と同棲する。アメリカ人ばかり狙われるのは、正直で人がいい人間が多いからです。男のほうは一所懸命、宿題はやってやる、論文は書いてやる、月謝は払ってやる。そのうえ男の人の部屋（あるいは家）に住むのですから、食費、電話代、もろもろの生活費は一セントもいらない。

そして四年たって卒業証書《ディプロマ》をもらうと、サッサと日本に帰って、結構なところへお嫁に行く。アメリカの男性は泣く泣くオイテキボリを食っちゃう。でも、彼らは例外なく相手の日本人女性を褒めていますよ。オペラの『蝶々夫人』（ご承知のように、日本の女性がアメリカの海軍士官に捨てられるストーリー）の敵討《かたきう》ちをしているみたいですネ。

千三《せんみ》ツ屋《や》

千人の女性に声をかけて、三人当たればいいという人。

「あの人千三ツ屋でいやァネ」

なんて言いました。

今なら、片っぱしから女性をナンパする男のことでしょうネ。

いろいろ異説もありますが、花柳界で「千三ツ屋」といえば、二つの意味に使っていました。その一つが、女性にやたらと声をかける男の人のこと、そしてもう一つ、たいそう山っ気のある人のことも「千三ツ屋」と言いました。

何か思いつきの事業をしたくて、資金を出させるために各方面にあたりをつけて見る。これが千人のなかで三人つかまえたら大当たりという人のことです。石炭が必ず出るとか、石油が絶対出るとかホラを吹いて、資金を出させるのは「山師《やまし》」とも言います。

一説によると、花柳界の人間の話は、千のうち本当のことは三つくらいだということだそうです。お客を喜ばせるためには、それだけ嘘八百を並べるということですネ。

色魔《しきま》・高箒《たかぼうき》

「色魔」というのは、読んで字のごとし。「高箒」というのは、女の人を片っぱしからサッサと掃《は》いていく人のことで、「伊藤の御前様は高箒」と言われた伊藤博文さんをはじめ、明治、大正、昭和と「高箒」で有名な実業家や政治家はたくさんありました。「高箒」というのは、お庭などを掃くときの柄《え》のついた荒い箒で、たいそう能力のいい箒のことです。念のため。

茶人《ちゃじん》

物好きな人のこと。他人が見たらまるっきり値打ちのないものを非常に大切にしたり、人が避けるようなことを自分から好んでやる人のことを茶人と言います。美しい奥様がいらっしゃるのに、本当に下司《げす》な場末のキャバレーの女の子を、ゴルフ場といわず出張といわず、どこへでも連れて歩いていらっしゃる社長さんは、

「あんな女を連れて歩くなんて、みっともないのに、彼は茶人だネエ。どこへ行くにも必ず一緒だよ」

と言われます。

内乱が続いているお国にご自分から出かけて行かれるかたがあると、

「あんな嫌なところへ自分から進んで行くなんて、茶人だよ」

なんて言い方をしました。

みみっちい

私たちはこの言葉をよく使います。けちけちしていること、またみすぼらしい感じも含めて言います。けちな人が寄付金など出し渋るときなど、

「そんなみみっちいこと言わないで、パッと出しなさいよ」

と言います。

「みみっちい格好《なり》（服装）しないでよ」

などとも言います。

部屋住《へやず》み

まだ一人前の社会人になっていない人のこと。親の部屋に住んでいる、という意味でしょうか。若い芸者が慶応の学生さんと恋をしたり、若い芸人さんと恋をすると、なにしろ相手は部屋住みのことが多いので、逢うこともままならない。お稽古帰りに「若松」（お汁粉屋）か「モナミ」か「資生堂」で一緒にアイスクリームを食べるくらいの逢瀬《おうせ》なのです。

花柳界

お披露目《ひろめ》

芸者が芸名《げいめい》を名乗って、組合のメンバーの一軒一軒にご披露する儀式のことです。芸者になるためには、まず試験をパスしなければなりません。今は子供にピアノやバレエを習わせるのが当たり前になっていますが、昔は女の教養として日本舞踊、長唄、清元、常磐津《ときわず》、琴曲などを習いました。それに書道、ソロバン、お裁縫、お花、茶の湯など、どこの娘もお嫁に行く前に必ずやらされたのです。

だから芸者の試験のときも長唄や踊りは、たいていの人が知っていました。でも、芸者は表芸として一芸をちゃんと持っていなければなりませんでした。三味線は、長唄、清元、常磐津、歌沢《うたざわ》、踊りは花柳流、藤間流、西川流と、試験の日が決まっていまして、毎月、長唄は何日、清元は何日、踊りも何流は何日というふうに見番《けんばん》に貼りだしてありました。

さて、当日は、ズラリと役員さんが並んでいる前で試験されることになります。役員さんというのは、それぞれの流派の名取という錚々《そうそう》たるお姐さんたちや、引退した昔の名手ですから、アガッちゃって、失敗する人がたくさんありました。

試験に落ちたら、また三カ月間、一所懸命やって、再び試験を受けます。それがダメなら、ほかの職業を選ぶことです。アメリカの弁護士さんの試験が、その通りだとのことです。

これに受かって初めて芸者になれます。それからお披露目となるわけですが、その前に二カ月くらい、お見習い期間がありまして、そのあいだにスッカリお座敷の寸法を覚えるわけです。

お披露目のときは、まず自分の名入りの手拭いを作らせ、役員さんのところに持っていく商品券を用意し、車屋さんに着せる名入りの印半纏《しるしばんてん》を染めさせます。そして、なにしろ自分がデビューする大切な日ですから、いちばん似合う、そしていちばんフォーマルな着物と帯で、髪形も第一公式のものにしなければなりません。

お披露目の日は、先輩のお姐さんが一人、介添《かいぞ》えに付き、箱屋が一人付きます。

歌麿の浮世絵を見ていただくとわかりますが、芸者の後ろに、細長い箱を肩にかついで立っている男性がいます。これが箱屋さんで、芸者の着付けをはじめ、あらゆる雑用をしてくれます。現在では三味線を三つ折りにして（いちばん上のところを天神と言い、中を棹と言い、いちばん下の部分を胴と言います）スーツケースに入れ、芸者自身が持ち歩くことができるようになりましたが、昔は三味線を長いまま桐の箱に入れていました。五フィート（約一メートル五十センチ）くらいの箱なので、芸者は自分で持てません。だから男性を雇って、お座敷に行くときに持っていってもらいました。

また戦前の新橋では、紋の付いた着物を、裾を長く引きずって着ましたから、帯は丸帯です。織物の丸帯は厚板で、男性の力でないと締めることができません。それで箱屋さんは、三味線を運ぶだけでなく、芸者の帯を締めるのも仕事にしていました。

お披露目では、一軒一軒、料亭（お出先《でさき》）に挨拶まわりをします。また、芸者屋さんでも、役員さんのところには伺わなければなりません。

このお披露目の日から、新橋の喜春が誕生したわけです。きっと京都、大阪、名古屋と、それぞれまるっきり違ったお披露目の仕方があると思いますが、私の場合は、新橋の芸者のお披露目のことを書きました。

このごろ私がびっくりするのは、パンダの赤ん坊が公開されるのも、アイドル歌手がデビューするのも、何でもかんでもみな「お披露目」と言うことです。先日など、ある週刊誌に、大学教授が新しい学説を発表されたという記事に「お披露目」と書いてあってビックリ。

やはり「お披露目」というのは芸者のお披露目だけにしてください。ほかは「ご披《ひ》露《ろう》」です。偉い先生もパンダも芸者も「お披露目」じゃひどいわよ。

逢《あ》い状《じょう》

芸者が次のお座敷に行くための伝達伝票みたいなものです。

逢い状は天紅《てんべに》と言って、上の部分を紅くしています。花柳界の女性は、男性にラヴレターを書くとき、自分の唇から紅を移して、巻紙の上部を赤くしました。七代目菊五郎さんは児雷也《じらいや》のとき、花道のスッポンから浮き上がるように、水色の着付けで巻紙を長くたらして、この天紅の手紙を読みながら出てこられました。ただの白い巻紙でなく、天紅の巻紙がすごく効《き》いていました。

逢い状は、これからヒントを得たのでしょう。長さ十五センチ、幅十センチくらいの日本紙で、上部だけ紅で染めてあります。そして箱屋が手渡しする芸者の名前と、次にまわってもらいたい料亭の名前（お客様のお名前が小さく書いてある場合もあります）が書いてあります。また、「中もらいでもよろし」とか「ぜひもらいでもよろし」と書いてあるときもあります。

中《なか》もらい

たとえば「お約束《やくそく》六時から九時まで」などというのは、一カ月も前から行くことを予約してある宴会のことで、私たちはお約束と言っています。このときはフォーマルなお座敷着を着ます。

このお約束をちょっと十五分か二十分抜けて、別なお客様のお座敷に行くことを「中もらい」と言います。

原則として、六時から九時までは一枚の伝票（一つのお約束）ですが、流行《うれ》っ妓《こ》の場合は二カ月も前から申し込みが来ます。このお約束のなかを抜けて行くのですから、なかなかスリルがあるのです。

地方からいらしたお客様が、別のお茶屋さんにいらしていて、夜行でお帰りにならなければならないとき、あるいは、自分の好きな人がほかの宴会にお招《よ》ばれしているとき（大きな料亭ですと、私が階下にいて、彼が二階にいるなんてこともありました）など、「中もらい」で、ちょっと抜けて、そちらのお座敷に行きました。

ぜひもらい

これは「何時になってもいい。待っているから、何とかして来るように」ということです。

外国のお客様など、何時間でも待っていてくださるかたがありました。日本のかたがお付き合いでイライラして待っていてくださったりすると、恐縮しちゃいます。

一年に一度必ずいらっしゃるドクター・エッジェル（ボストン美術館の館長さん）とか、南洋庁長官の堂本さん、満洲からおいでになった満鉄のかたたちなどは、なかなかお逢いするチャンスがないので、

「何時でもいい。待っているから」

とおっしゃって、待っていてくださいました。

こんなときは「ぜひもらい」をかけてくださるわけです。

やっぱり一年も二年もお目にかかれないとなると、私たち芸者のほうも、なんとかしてお逢いしたいと思いました。

後口《あとくち》

芸者が次から次からまわるお座敷のことです。これを逢い状に書いて、箱屋が料亭に持って来て、芸者に渡します。

これがたくさん来るほど流行っ妓という、バロメーターみたいなものですから、逢い状を何枚も何枚もヒラヒラと衿元に差し込んでいました。

流行《うれ》っ妓《こ》

「はやりっこ」とも言いますが、お座敷の忙しい芸者のことで、一晩に七、八軒もまわり歩きます。

遠出《とおで》

お客様が、そのころは珍しかったゴルフをしに仙石原に連れて行ってくださるとか、モーターボートやスキーにご一緒するときは、一日分のお座敷の料金をいただく。これを「遠出の伝票」と言いました。私は、三等飛行士のライセンスを取ろうとしたくらいのはねっ返りでしたから、そうした「遠出の伝票」がほかの芸者衆より多かったと思います。

また面白いのは、新橋以外の土地、電車路一つ隔てた烏森へ行ったり、ちょっとタクシーで柳橋や葭町《よしちょう》や、赤坂へ行くことも「遠出」と言いました。そして料金は自分の土地の倍額ずついただいていたように思います。

空約束《からやくそく》

きっと、シロトのかたたちのあいだでは、空約束と言えば、約束しておいてすっぽかすことのような響きがあるのでしょうが、花柳界ではまるっきり違います。私たちの「空約束」というのは、実際にはお客様は来られないのに、六時から九時まで料亭に来てくださったときと同じように「お約束」の伝票（料金）を払ってくださることです。

たとえば、

「お正月お元日から七草まで、七日間通して菊池寛先生が空約束をつけてくださっていますよ」と「米田屋」さんから電話がかかってきます。また「花蝶」さんからは「南洋庁長官の堂本様がお正月には東京に帰れないから、元旦から七草まで空約束つけてありますよ」。そして「雪村」さんでは伊藤道郎先生の空約束というように、お客様がおいでにならなくても、同じだけの料金を払ってくださるのです。また自前披露目（芸者が独立したときのお披露目のこと）のときも、縁起を祝って、たくさんのお客様が空約束をつけてくださいました。

切火《きりび》

芸者はお座敷に出るとき、後ろからカチカチと切火を浴びて出ます。災難のかからないように、無事であるように、そして商売が繁盛するようにと、これは縁起をかつぐ大切な仕来りで、昼でも夜でも働きに出るときは必ず切火を打ちます。内箱《うちばこ》さん（女中さんで、芸者の雑用をしてくれるオバチャン）や、ときには母親や姉妹が必ず背後から浴びせます。片手に鉄、片手に石を持って打ち合わせると、火花が出ます。この石を火打ち石と言います。

お先煙草《さきたばこ》

主人側がお客にもてなしのために用意してある煙草のことです。

料亭でも芸者屋でも、ちゃんと巻煙草は用意してありました。昔風の煙草盆でも、巻煙草を筒に二十本くらい立てて、火種のそばに置いてありましたし、洋風のセットでもライターと並べて必ず煙草を立ててありました。それをお先煙草と言います。箱屋さんはお先煙草専門で、自分で煙草を買わないですんじゃう人が多かったようです。年増のお姐さんから、「お先煙草で、ずいぶんチャッカリしてるわネ」なんて悪口を言われていることもありました。

引祝《ひきいわ》い

新橋では、昔からの仕来りで、「お披露目」は出発するときのご披露ですが、引退するときは必ず「引祝い」をするのが礼儀でした。

私の「引祝い」のことを書きます。

まず、「此の度、私こと『春よろ津の喜春』結婚致す事に相成り」云々ということを、延々と巻紙に書いて、今までお世話になったかたたちにお礼を述べるのですが、そのころは印刷物でそういうものを配るのは大変に非礼なことで、私のときは、小峰先生というお習字の先生に泊まりがけで来ていただき、百通もの巻紙の手紙と上書きを書いていただきましたが、水茎の跡も麗《うるわ》しい素敵なものでした。この手紙をつけて、お重箱に入れたお赤飯《こわ》を配ったのです。

今の若いかたたちにはわかっていただけないと思いますが、泉鏡花の『婦系図《おんなけいず》』の湯島境内の場で、お蔦《つた》が言う台詞に、

「引祝いのお赤飯《こわ》も配らないで」

というのがあります。

お蔦という柳橋の一流の芸者が、周りの反対を押し切って、風呂敷包み一つで好きな人とこっそり同棲してしまうのですが、芸者が引祝いもせずに消えてしまうというのは、自尊心も傷つくし面子《めんつ》も立たないわけで、『婦系図』は明治のことですが、昭和の半ばになっても、芸者をやめるときは、古式通りに「引祝い」のお赤飯を配ってお嫁に行ったわけです。

それ者《しゃ》あがり

一見して、シロトの奥様ではないナと思われる人を「それ者あがり」と言います。以前は水商売をしていたと思われる人のことです。水商売といっても、私の時代は酒

場のホステスさんのような存在はありませんでしたから、まず、芸者をしていた人に限ります。髪の結い方（人妻は丸髷《まるまげ》を結うことに決まっていました）、手絡《てがら》（丸髷の中にふくませる布）の色、鬢《びん》の出し方、着物や帯の好み、そして言葉のはしばしに、どうしても芸者時代の名残が出てしまう。これを周りの人は「それ者あがり」と言いました。

腕《うで》がある

これは説明するのがとても難しいけれど、ちょっと例をあげてみますと……。

ニューヨークで商社マンの奥様が四、五人で話しておられます。

「支店長の奥様は、昨日リリー・ダッシェのお帽子を千ドルでお買い遊ばしたのよ。われわれにはとてもネエ」

「われわれとは、そりゃ違いますわよ。千ドルのお帽子なんて、私たち、一生かぶれませんわよ、ネーエ」

てなもんです。

これが私たち新橋の芸者仲間ですと、

「昨日、小染ちゃんが二キャラット半のダイヤ買ったのよ」

「あら、そう、腕があるわネ」

これでおしまい。自分も欲しかったら、旦那をだまして買ってもらえばいいのです。あまり他人を羨ましがらない、また人の噂にあまりこだわらないのが芸者の持味でしょうか。

こんなときは「あの人腕があるわネ」とこれだけですが、ちょっと憎しみが入ると、「すご腕」という言い方をします。

「あの子、まだ出て（芸者になって）一年半なのに、もう家を買っちゃったのよ」

とか、

「はたちになったばかりなのに、マンション建てて、おっかさん名義でクラブを始めたんですって」

なんて聞くと、

「へえー、すご腕ねえ」

と言います。ただ腕があるばかりでなく、それにプラスアルファがついているときは、「すご腕」と言います。びっくりしたうえに、少し憎らしく思う感じも入っています。

左団扇《ひだりうちわ》

これは贅沢《ぜいたく》に暮らすことを言います。

語源は知りません。どうして左手に団扇を持っていたら楽な生活ができるのか、どうもわかりません。

だけど、若い芸者が二十歳そこそこで家を買ったりすると、その母親は左団扇になるのです。「お蚕ぐるみ」なんかは言葉のあり方がよくわかりますが、この左団扇はわかりません。

読者のなかでわかっていらっしゃるかたがあったら教えてください。

白羽《しらは》の矢《や》が立《た》つ

大勢のなかで一人だけ選ばれること。

私喜春は、芸者に出て二カ月、十六歳（数え年ですから十五歳です）のときに、「あづま会」で『連獅子』のワキを弾かせていただきました。新橋の組合だけで千三百人もの芸者がいて、長唄の三味線弾きの大先輩がズラリとそろっているなかで、私に白羽の矢が立ったわけです。

何か特別の役目、あるいは、たいそう富《と》んだお家の相続人、またはその配偶者などに選ばれるときも、白羽の矢が立つという言い方をします。

みそっかす

まだまだ一人前には程遠い、ほんの駆け出しのピヨピヨの若い芸者は、「みそっかす」と言われました。

願《がん》がけ

何か願いごとをすることです。湯島の天神様に行くと「合格祈願」なんて書いた絵馬がたくさん下がっていますネ。それから、病気の全快を願って千羽鶴も奉納されています。これを願がけと言います。

私たち新橋の芸者の場合は、八官《はっかん》神社に願がけをします。今はコンクリートのビルの中に納まり、テープレコーダーで祝詞《のりと》を流していますが、戦前は、小さいけれど、こんもりと木が生い茂っていて、鳥居があり、本当に願いごとをきいていただけそうな神社でした。若い芸者は皆、いろいろな願いごとを八官様にしたようです。

私は十五歳ぐらいから「英語がうまくなりますように」「お三味線がうまくなりますように」と、毎日、一所懸命お願いしていました。ところが好きな人ができると、彼がヨーロッパに行っているあいだは「一日も早く、無事に帰ってくれますように」とか、日本に帰ってくると「なんとかして一分でも長く一緒にいられますように」とか「せめて一週間ぐらい、一緒に旅行がしたい」とか、お願いする事柄がずいぶん変わってしまって、八官様もきっとお困りになったと思いますよ。

ちなみにあのあたり一帯を八官町といっていました。ご近所のよしみで、きっと八官様は若い芸者たちの願いごとをよく聞いてくださったことでしょう。

断《た》ち物《もの》

自分の好きな物を断って、神仏に願いごとを聞き入れていただこうということです。

芸者仲間のすずめちゃんは、早く恋人と一緒になりたくて、いちばん好きだったアイスクリームを一生断ちました。また清香ちゃんは、柑橘類《かんきつるい》（このとき私は生まれて初めて、柑橘類という言葉を知りました）――おミカン、夏ミカン、オレンジ、レモン、ユズが大好きだったのに、みな断ちました。

八官様は、若い芸者のそうした願がけを聞き届けてくださったのかしら。願いが叶《かな》って、それぞれ好きな人と一緒になれたのかしら。

ひたむきな思いで、いちばん好きなものを断って神様にお願いするなんて、このごろの若いかたは、きっと「バッカじゃないの」と言って笑うでしょうネ。でも私たちは大真面目でした。

お百度参《ひゃくどまい》り

お百度を踏む。神社のある一定の場所を百回行き来して、そのあいだ、願いごとを唱えながら祈ることを言います。たとえば神社の正面から相当離れた鳥居を一巡りして、またお社《やしろ》の正面に帰ってくることを一回と数えて、これを百回やります。あらかじめ手に百本の観世縒《かんぜよ》りを持って、一回済むごとに一本ずつ折っていきます。紙を細く切って、それを指で縒りながら紐状のものを作る。これを観世縒りと言います。観世流の謡曲の稽古本をこれで綴《と》じたというのですが。

水《みず》ごり

寒中に冷水をかぶって願いごとをする人もありました。親や夫、子供などの病気を治したい。また主君あるいは自分が仕えているご主人（というとご亭主みたいだけど、そうではない）が病気になると、水ごりを取って全快を祈る人がたくさんいました。

また何か重要な役目を果たさなければならない、そんなときも冷水を百杯浴びて大願《たいがん》成就《じょうじゅ》を祈りました。自分の身体を極限まで苦しめ、それに耐えることによって、神様にお願いを聞き届けていただく。そうした自己犠牲の精神は、私たちの時代にはまだありました。

初会《しょかい》

きっと落語家《はなしか》さんたちが気にしていると思いますが、聞いていて、とても腹が立つのは、野球中継のキャスターが「ショカイ、ショカイ」と言うことです。

もちろん「初回、初回」と言っているのでしょう。でも「ショカイ」と言えば、「初会」のことで、昔の落語（廓噺《くるわばなし》）を聞いていただくとたくさん出てきますが、吉原へ行ったお客が初めてお女郎さんと逢うことです。吉原の廓では遣り手《やりて》の婆さんや牛太郎《ぎゆうたろう》（男の呼び込み）が、

「ご初会ですか、お馴染《なじ》みですか」

と必ず聞きました。

吉原の廓に初めて来るお客は「初会」と言い、二回目からは「裏を返す」と言い、三回目からは「お馴染み」と言ったそうです。

〽初会からお互いに憎からず思った

という唄もあるのですから、野球中継で「ショカイ、ショカイ」なんて使われたんじゃ、まぎらわしいワ。「第一回目」と言ってください。別に「初回」なんて言わなくてもいいワヨ。

三十六年アメリカにいるあいだに、日本語も変わった、変わった。

客情人《きやくいろ》

情人《いろ》といえば何だかヒモのような印象が強い。水商売の女の人にぶら下がり、その稼ぎをあてにしてお小遣いでも巻き上げるような印象ですが、「客情人」というのはちょっと違います。

お客様としてちゃんとお茶屋さんにも来てくださるし、玉代《ぎょくだい》も払ってくださる。とはいえ、旦那になるほどの財力はない。「客情人」というのは、お客様でもあり情人でもありうるわけ。男性としては理想的な立場だと思います。そこそこの地位と収入のある人でしたら誰でも客情人だと思いたいのではないでしょうか？

出世払《しゅっせばら》い

今では考えられないことでしょうけれど、外務省の若いお役人が、宴会の帰りなどに二次会をなさるときがありました。そのかたたちが、

「女将《おかみ》さん、お勘定たまっちゃうと困るから、払っていかなきゃ」

とおっしゃると、女将さんは、

「外務大臣になってから、いただくわよ」

なんて答えていました。

築地の「川喜《かわき》」にお美代ちゃんという、川越から来た若いお座敷女中さんがいて、お客様から「川越クン、川越クン」と呼ばれ、とても可愛がられていました。

彼女がある日、「東京日日新聞」の林謙一さん（のちにテレビドラマの「おはなはん」を書いたかたです）に、

「林さん、いつ社長になるんですか」

と聞いたそうです。

「川越クンにそう聞かれても、今のところ、ちょっとわからないよ」

と林さんがおっしゃったら、

「女将さんが、林さんが社長さんにおなりになったら、お勘定をいただくと言っていますから」

と言いながら、お美代ちゃんは本当に困った顔をしたそうです。

そのころは一年に一回、年の暮れに、女将さんが女中さんを連れてお勘定をいただきに行くのですが、「ジョニ黒」なんかを何本も持って、ハイヤーでお歳暮のご挨拶に伺うぐらいのものでした。

「出世払いで結構ですよ」と言って、大事にしてあげた若いかたたちが、二十何年かたって、大臣になり、社長になって初めて「ここの女将には、うんと世話になったもんだよ」とおっしゃって、何十倍かにしてお返しくださることを、その当時の人は信じていました。

ここで、サミー・デイヴィス・ジュニアの本に出ていた面白い話を書きます。ローレンス・ハーヴェイ、スタンレイ・ベイカー、リチャード・バートン、ジャック・ホーキンスなどという英国の有名な俳優さんたちが下積み時代のことです。仕事にあぶれたこの若者たちは、いつもロンドンのウエスト・エンドのデンマーストリートにある「S&F」という小さなコーヒー屋に集まってオダをあげていました。そして、このなかの誰かに少しでもお金が入ると、「ホワイト・エレファント」というクラブに行く。ここは最高のクラブですのに、貧乏暮らしをしている彼らに、いつも勘定書を渡すのを「忘れた」のです。

「S&F」でもこの「ホワイト・エレファント・クラブ」でも、スターになった彼らから、今では何十倍以上の恩返しを受けています。

嬉しいことに、日本ばかりでなく、英国にも「出世払い」はあったのです。

やらとら

ここでちょっと下司《げす》な言葉が出てきました。これは「やらずとらず」の略です。お金をあげもしないが、いただきもしない、ということです。旦那になって毎月決まったものをいただく相手ではない。だけど、その人に貢ぐこともない。昔の芸者は役者衆や関取衆に貢いだものです。

客情人の場合は、男が女にお金をくれたり、また女がお金を貢いだりはしません。五分五分のおつきあい。これが俗に言う「やらずとらず」です。

あごあし

これもまた、たいそう品のよくない言葉です。「あごあし」とは食費と交通費のことを意味します。昔の若い男性は、新橋の芸者を遠出《とおで》（旅行）に誘うなんていったら、とても気の重いことだったと思いますが、こわごわ、

「やらとらのあごあしで行かない？」

なんて切り出してみて、

「ええ、いいわ」

なんて言われたら、きっと気が楽になったと思いますよ。

食事の心配と交通費だけでほかに責任はないし、それこそ客情人《きゃくいろ》の最たるものでしょう。拙著『いきな女たち』の「市勇のはなし」にあるように、どの男性も自分では客情人だと信じていますから、同じお金を出すのでも、グッといい気持ちで出すわけです。

なぜならば、旦那なら、あまり好きでなくても月々のお手当が目的ですが、客情人は女性のほうが自分のことを好きで、一緒に旅行してくれたりするのですから、あとあとお金を出すようになっても気分がいいわけで、男性は誰もが自分こそ客情人と思いたいところですネ。

柄の悪い言葉なので若い芸者は使わなかったけれど、大年増のお姐さんたちが「やらとらのあごあしで行きましょうよ」なんて、お客様と冗談を言っておられるのをよく聞きました。

見巧者《みごうしゃ》

お芝居でも踊りでも、単なる見物の見方でなく、たいそう詳しい部分まで見てくれる人。今のように芸能評論家なんていうかたのなかった私たちの時代には、お芝居や踊りの批評を適切になさるかたのことを、「あのかたは見巧者だから、見ていただいても張合いがあるわよ」なんて言いました。子供でも利発《りはつ》な子は、「あの子はとても巧者《こうしゃ》な子ネ」という言い方をしました。これが音楽になると、聞き巧者ということになります。

世間師《せけんし》

常識的で、わけ知りの人、物事に正しい判断を下す能力のある人のこと。「あの人は世間師だから、相談してみたら」なんて言います。

昭和十五年、私が外務省の役人のところにお嫁に行くとき、どうしても難しいと言われました。私の祖母は「『雪村』の女将《おかみ》さんだったら、世間師だから、きっといい知恵を貸してくださるにちがいない」と言って、ご相談に行きました。

そして日産自動車の社長、山本惣治様の次女ということにしていただきました（戸籍を養女にしていただいたのです）。また、私がひとり娘でよそには嫁に出られないというので、木挽町《こびき》の知り合いの床屋さんの四男を養子に入れました。私がお嫁に行ってから五カ月ぐらいして、お礼をして戸籍を元に返しました。世間師の雪村の女将さんだからこそ、こんなことをちゃんと考えてくださることができたのです。戦前だからこんなバカバカしい手続きをしないとお嫁にも行けなかったのです。今なら何でもないのにネ。

下駄《げた》をあずける

前もって、何から何まで承知している人に打ち明けておくこと。

「女将さんに下駄をあずけてあるから大丈夫よ」

「こう下駄をあずけられちゃ、仕様がないワ」

こんなふうに使います。

なにしろ私は若いときから「胸ポン」の喜春でしたから、

「喜春ちゃんに下駄をあずけておけば大丈夫よネ」

と、友達にいろいろなことを頼まれては、「ポン」と胸を叩いて引き受けたことがたくさんありました。

胸《むね》ポン

何かものを頼まれると（ときには頼まれなくても）、胸をポンと叩いて引き受けちゃうことを胸ポンと言います。私は若いときから「胸ポンの喜春ちゃん」と言われていましたが、いまだにそれは直らない。

アメリカにいても〝MUNEPON〟で、日本にいるときとまるっきり同じことをやっています。英語のわからない商社マンの奥さんが旦那の出張中に産気づいたけれど、どうしていいかわからないとか、これも旦那の出張中に子供がエレベーターで足をはさんでケガをしたとか、いろいろなことが起きて、そのたびにいろいろな人が飛び込んできます。ご近所のかたは「日本総領事館クイーンズ支部」と言っています。

それと同時に、アメリカ人の友達もどうしてか私の〝MUNEPON〟をよく知っていて、なんのかんの頼み事を持ち込んで来ますよ。

ちょいちょい着《ぎ》

われわれは、お座敷着と普段着をハッキリ分けていますが、その中間の着物をちょいちょい着とかちょい着とか言いました。

お座敷着はまったくフォーマルなもので、紋の付いた着物の裾を長く引き、丸帯を締めなければなりません。髪はもちろん島田《しまだ》です。けれども九時を過ぎますと、箱屋が着替えを持ってきます。もう紋付きも丸帯も必要なくなり、小紋や紋御召《おめし》で裾も引きませんし、名古屋帯でも許されます。

普段着とは、家にいるときの着物です。縞《しま》とか絣《かすり》の御召、紬《つむぎ》など、材質のかたいものを着ます。それに黒衿のついた半纏《はんてん》や茶羽織《ちゃばおり》を引っかけることもあります。

このお座敷着と普段着の中間のものをちょいちょい着と言うのですが、大島とか結城とか御召のようなもので、帯は光らないもの、塩瀬とか博多とか、更紗のしゃれ帯などを締めます。

このごろは、お値段が高いからということで、紬などをパーティ(あるいはお座敷)に着てくるかたがありますが、私たちの時代は、いくら高いものでも、結城や大島や紬はあくまで、ちょいちょい着で、好きな人と旅行に行くとか、買い物や映画を見に行くときに着ました。ただし、お芝居に行くときは、付け下げや小紋の柔らかいものを着ました。

ちょいちょい着というのは、ちょっとカジュアルに着るしゃれ着のことなのですネ。

お神酒《みき》徳利《どっくり》

神棚に上げるお神酒は必ず一対《いっつい》の徳利に入れてありますネ。二つが離れることはないということで、いつも一緒に行動している仲のよい友達のことを「お神酒徳利」と言います。

「小《こ》豊《とよ》ちゃんと喜春ちゃんはお神酒徳利ネ」

なんて言われました。

お客様でも三菱の岩崎彦弥太さんと荘さんとはいつもご一緒。また、下谷の組紐屋さんで、のちに人間国宝になられた道明新兵衛さんと、新橋芝口のお砂糖問屋の堤徳三さん（このお二人は、日本で初めてモーターボートを乗りまわされました）もいつもご一緒。こういうお客様も「お神酒徳利」と言いました。

御法度《ごはっと》

これを「ごはっと」と読みます。政府から、あるいは町内からでも禁止されていることを御法度と言います。「不義はお家の御法度」と歌舞伎の台詞《せりふ》にもありますが、同じ家中で男女が恋をすることは御法度なので、即刻二人とも他国へ出たり、また心中したりすることになります。

昭和になってもこの言葉は使われていまして、新橋の若い芸者はお客様にいくら勧められても、お座敷でものを食べてはいけなかったし、お座敷に入ったら私語は禁じられていました。

「お座敷で芸者仲間とベチャベチャ自分のことをおしゃべりするのは、この組合では御法度よ」とか「お客様の前でものを食べたり、いやしいことをするのは御法度よ」とお姐さんに叱られている若い妓《こ》がいました。

また芸人さんでは、下ネタの話をすることも御法度でした。よい料亭では、噺家さんでも漫才でも幇間《ほうかん》さんでも、下ネタの話は絶対許されませんでした。だからこのごろのように、相当キワドイ話を平気でして、お客がゲラゲラ笑って喜んでいるのを見ると、私はビックリするばかり。このごろの人はいきなのと下司《げす》なのとがわからないのですネ。汚い下ネタの話でも「いきだ」と言って聞いていますもの。

私たちの時代は、どんなにいきな艶話《つやばなし》でも、とても品がよかった。それが芸人さんの品位であったのです。昔のように、下司な下ネタは御法度にしていただきたいわ。品よく話しても上手《うま》い芸人さんは、いくらでもお客様を笑わせることができましたもの。私が十六、七のときに、もう八十何歳かの小勝オジチャンや柳橋さん、金馬さん、小さんさん（みなな、先代か先々代）、どのかたの話も品がよかったですよ。下司といきとは全然違うのだということをわかってください。

御《お》手水《ちょうず》に行《い》く

トイレに行くことを、こう言うお姐《ねえ》さんがいました。私たちはあまり使いませんでしたが、年取ったお姐さんたちは、「ちょっと、御手水に行ってくるからネ」なんて言っていました。

ここで一つ、世の中には大変な誤解をしておられるかたがたくさんあるので、ハッキリ言っておきたいことがあります。

よく「花柳界の女性は、下着（パンティ）をつけていない」と言うかたがあります。大正、明治は知りませんが、私たちの時代からは、みな、下着はつけたと思います。昭和七年、白木屋デパートで大きな火事があったとき、お客様も女店員さんもパンティをはいていなかったために着物の裾を気にして、消防車の梯子《はしご》で助けることができた人も、そのために亡くなったということです。

その事件以来、若い芸者はちゃんと下着をつけて、裾《すそ》よけ、長襦袢《ながじばん》、着物という順で着付けをしました。私のいつもつけていたのは、「ホーマーズロース」といって、片方が相当に伸びるように仕立ててありますので、裾を引いていても、着付けを少しも崩さずに御手水に行けました。私ばかりでなく、私たちの時代の若い芸者は、みな下着をつけていました。きっとそのころでも、大年増のお姐さんたちは、下着をつけておられなかったと思いますが。

今でもときどき若い人に、

「喜春姐さんのころの芸者さんは、下着つけなかったそうですネ」と聞かれますが、

「とんでもない。それは明治か大正でしょう。私たちの時代は、みな下着をつけていましたよ」

と答えます。

どうぞ、花柳界の女性は下着をつけていないなんて嘘っぱちは信じないでくださいネ。

チャンポン

「長崎チャンポン」て聞いたことがありますネ。とにかくいろいろなものをゴチャゴチャ混ぜることなのです。けれど私たちは、お酒を混ぜて飲むことを言っています。日本酒とビールとウィスキーの水割りなんかを飲んでいるかたに、

「チャンポンはいけませんよ」

とか、

「チャンポンで召し上がるのは、あとで悪酔いなさるからダメ」

とか言います。何でもゴチャ混ぜにすることをチャンポンと言うようです。

はんなり

着物の色などを形容する、とてもよい関西弁の言葉です。これは、ただ派手なのではなく、品よく、やさしく、そして華やいだ色をあらわすときに使います。私たちも関西弁を拝借して「同じ紫でも、もっとはんなりした紫にしてちょうだい」などと染物屋さんに言いました。

ちょっと

思い入れと言うかフィーリングと言うのでしょうか、私たち芸者の心の礼儀をあらわす言い方です。「ちょっと」というのは誰でも言うことですし、昔も今も使われている言葉ですが、私たちがこれを使うシチュエーションが、それこそ「ちょっと」違う。私がおしゃれをして、外へ出たところでバッタリと友達の梅竜ちゃんに会ったとします。毎晩のお座敷着でなく、プライベートなちょいちょい着のおしゃれをしてい

るなと、芸者仲間には一目でわかりますから、
「喜春ちゃん、どちらへ？」
と聞きます。このとき、
「家元さんへ」とか、
「歌舞伎座へ行くの。今日は七代目さんの総見《そうけん》なのよ」
と、ハッキリ行く先の言えるときはハッキリ言います。
だけど、ハッキリ言えないときもあります。
「喜春ちゃん、どちらへ？」
と聞かれて、「ちょっと」と答えたときは、それ以上言いたくないということです。
そんなとき、「ちょっとどこへ行くのよ」
なんて聞く野暮はありません。
この場合の「ちょっと」は、これ以上踏み込んでくれるな、という意味なのです。
シロトのかたですと、「ちょっと」と言っても、「ちょっと、どこまで行くんですか。
同じ方向なら、ご一緒しようと思って」とおっしゃる。
「ちょっと」というのは、行く先を言いたくないときに使うんだけど。これは私たち
芸者仲間の暗黙の了解みたいなものでしょうか。親友の小豊ちゃんなど、何も言わな

いのに「おたのしみ」なんてウインクをしたりしますけど。

付《つ》かず離《はな》れず

ほどほどに人とお付き合いすること。一時、メチャメチャに仲よくなって、何もかもさらけ出して、お互いに秘密を打ち明け合ったのに、ケンカをすると、とたんに敵《かたき》同士みたいになって、打ち明け話をしゃべり歩く、なんてことがよくあります。団地の奥様同士でも、いったんつまずくと、お互いの秘密を大っぴらに触れまわるようなことがあります。

「あの人、若いときはバアで働いてたんだってよ」
「道理で、私たちとはちょっと違うと思ったワ」
「あの人ね、前に二度も離婚してるんだって。今度が三度目だって、私に打ち明けたのよ」

こんな具合です。

私たち芸者は、付かず離れずのお付き合いを心がけていました。親しさまぎれに踏み込んではいけないところまで入り込んで、あとでのっぴきならない羽目《はめ》に陥ることがよくあります。ほどほどに付かず離れずのお付き合いが何よりだと、われわれは若いときから教えられました。

芸者の場合は、親友になったら、あくまでも親友で、私など、六十年来の友達なんてのがいます。お互いに何も言いませんが、何もかも知り尽くしています。だけど、そうした人は、何千人のなかに二人か三人でした。あとはみな、付かず離れずのお付き合いで、それでもお互いに助け合い、支え合ってきました。芸者同士のお付き合いって、サラリとしていいものですよ。

楽屋見舞《がくやみま》い

舞台に出る人を楽屋に訪れるときの手土産のことです。「東をどり」のときには、踊り、長唄、清元、常磐津《ときわず》、歌沢《うたざわ》、お囃子《はやし》と、楽屋が違いますから、各楽屋に「みなさん、どうぞ」と言って、すぐに食べられるものが届けられます。お寿司、ケーキ、餅菓子、おせんべ、アイスクリームなどです。宝塚の楽屋見舞いは、縫いぐるみなんかが多いようです。

昔は「花」と言って、ご祝儀《しゅうぎ》（お金）を包むことはしましたが、現代のように本物の花を楽屋に贈るようなことはあまりありませんでした。開店祝いとかお葬式のときは、花輪を贈りましたが、今のように楽屋中、生花がいっぱいなんてことはありませんでした。そのころは、お花のことは楽屋見舞いとは言わなかったと思いますよ。

心《こころ》づけ

チップのこと。私たちのころはチップと言わず、「心づけ」と言いました。

箱屋さんや人力車を引く車屋さん、そのほか運転手さん、芝居茶屋や相撲茶屋の出《で》方《かた》さん（案内人のこと。劇場も相撲場も今のように入場券で入るのではなく、お茶屋さんから入りました）などなど、私たちには心づけをあげなければならない人がたくさんありました。ですから私たちはいつもご祝儀袋を持っていて、どこでもすぐに心づけをあげられる用意をしていました。関西ではご祝儀袋のことをポチ袋と言っていました。

現在アメリカに住んでいますが、ウエイターや運転手さんに心づけをあげる場合、きれいなご祝儀袋に入れてあげますと、とても喜ばれます。「アメリカでは考えられない美しい習慣だ」とアメリカ人はみな大喜びします。だから日本に帰って来るたびに、可愛いデザインのご祝儀袋をいろいろ買っておくのです。

ちなみに、この袋を忘れてしまい、持ち合わせの懐紙《かいし》に包んで「心づけ」をあげる場合は「松の葉」とか「寸志」とか書きました。「寸志」はほんのぽっちりの「心づけ」という意味でよくわかるけれど、「松の葉」はどういうわけかな。いくら考えても私にはわからないな。

束脩《そくしゅう》・お膝《ひざ》つき

何か習い事を始めるときに、お師匠様に持っていくお金のことを言います。今なら入会金とかメンバーシップ・フィーとか言うのでしょうか。私たちの時代は「束脩」とも「お膝つき」とも言いました。「お膝つき」というのは、膝をついてお稽古事をお願いする意味らしい。

私が若いかたたちに言いたいのは、何のお稽古であれ、お月謝をお払いするときに、むきだしでお渡しするのはやめてほしいということです。千円札なり一万円札をそのまま手渡している人がたくさんありますが、これはたいそう非礼なことです。封筒に入れるか、せめて紙にきっちりと折り畳んで包んでから、差し上げるようにしてください。昔はお月謝袋という、美しい和紙の袋がありましたけどネ。

幹事役の人が会費を集めるなんてときはいいけれど、お金をむきだしのまま先生にお渡しするのは、先生を侮辱することになりますから、これはくれぐれも心してください。

一《いち》、そしられ 二《に》、ほめられ 三《さん》、ほれられて 四《よ》、風邪《かぜひ》引く

私たち芸者のおまじないを書きましょう。くしゃみが出たとき、

一、そしられ（一つくしゃみをしたときは、誰かが悪口を言っている。これを謗《そし》られると言いました）

二、ほめられ（二つくしゃみをすると、誰かが褒めている）

三、ほれられて（三つくしゃみをすると、文字通り、誰かがあなたを思っている）
四、風邪引く（四つ続けてくしゃみが出ると、夜必ず風邪を引くから、気をつけて）
ということで、「イチ、そしられ、ニ、ほめられ、サン、ほれられて、ヨ風邪引く」と歌のように唱えます。そしてくしゃみをしたあとは、必ず両肩をポンポンポンと三つずつ叩きます。右の手先で左の肩を、左の手先で右の肩を叩きます。これを忘れたら、悪い風邪を引くということになっています。

もう一つ、「東をどり」の舞台に出たり、あるいは何か人様の前で芸をやるときは、手のひらに「人」という字を三回書いて、それを呑みこみます。人を呑むということでしょうか、そうすると人前でアガらないと言います。踊りの人でも、地方の人でも、平常は上手いのに人前だとアガッて失敗ばかりする人がいます。私は今でも講演のときなどステージに上がる前に必ずやります。

目ばちこ（モノモライ）ができたときは、おまじないが二つあります。一つは本黄楊《ほんつげ》の櫛《くし》の背を畳でこすり、ちょっと熱くなったところでモノモライの上を何回かこする。そうするとすぐに治る。もう一つは、床につくとき、右の目なら下前《したまえ》の裾の先、左の目は上前《うわまえ》の裾の先を糸でしばって寝る。そうすると次の日は治るということになっています。

ビールでもジュースでも、一つのコップで二人が飲むときは、自分が口をつけたあと、指先でコップを三回叩いておく。そうしないと、あとで喧嘩をすると言います。好きな人と飲んだときに、これを忘れたら大変。だから私は、必ずピンピンピンを忘れません。

歌舞伎

道具立て《どうぐだ》

私たちの使っている言葉には、歌舞伎の芝居から来ているものがたくさんあります。そう気がついてみると、無意識に毎日使っている言葉のなかに、歌舞伎から来ている言葉があれもこれもというぐらいたくさんあります。

この「道具立て」というのは、隙《すき》なく上手に物事を整えてあることで、「あれだけ道具立てがそろってちゃァ、断れないわネ」とか、「なにしろ、あの人は道具立てがうまいから、かなわないワ」なんて言いますが、これこそ歌舞伎の大道具から来ていると思います。

たとえば、男性が女性を好きになる。そんなとき、「道具立て」をしてくれる人がいると事がうまく運びます。現代でも気の弱い人は相手にうまく意思表示ができません。そんなとき、花柳界なら料亭の女将《おかみ》さん、女中頭、それに先輩の芸者衆などが「道具立て」をしてくれると物事がスムースにいくわけです。先輩なり上司なりが、旅行に誘ってあげたり、食事をする場所を設定してあげて、上手にチャンスをつくってくれる。そんなことを「道具立て」と言います。

もちろん、ビジネスの「道具立て」もありましょうけれど、私はあくまで花街《かがい》の子ですから、何から何まで色っぽく考えたいのです。

引《ひ》っ込《こ》み

これはいろいろな意味で使います。

文字通り、職業を引退するときに使い、

「人間は引っ込みが大切よ」

「ちょっと引っ込みがまずかったネ」

とか言います。

男女の間柄は、出足が難しいという人がいますが、私は別れるほうがズッと難しいと思います。歌舞伎でも花道の「引っ込み」でお客様に強い印象を与えることができます。「引っ込み」のきれいな人は「別れ上手」な人です。

本当に人間は「引っ込み」が大切ですよ。

引《ひ》っ込《こ》みがつかない

何かひとごとに巻き込まれ、ある程度まで深入りして後戻りできない。あるいは自分が何かに打ち込んで、周りの人たちの反対があっても、途中で止めることができない。こんなときはまったく「引っ込みがつかない」のです。これも歌舞伎の花道の引っ込みから来ているのだと思います。

世話場《せわば》

歌舞伎の芝居で、町人の、しかも貧しい庶民の生活をあらわした場面のことを言います。殿様やお姫様が出てくる歌舞伎独得の豪華《ごうか》絢爛《けんらん》な舞台とは対照的な長屋のシーンなども、世話場と言います。私たち芸者が自分でご飯を炊いたり、洗濯をしていると、

「まあ、たいそう世話場だこと」

と言いました。現在のように炊飯器のスイッチを入れるだけでOKとか、洗濯機のボタンを押して、ハイ一丁上がり、なんていう時代と違います。まず、たすきをかけて、前掛けをかけて、火をおこして、お米をとぎ、そのお釜を火にかけないと、ご飯はできませんでした。井戸端でタライに水を汲み入れ、寒い日に川で手をかじかませながら洗い物をする、そういう時代の哀れな暮らしぶりを世話場と言うのです。今の生活には、どこにも世話場なんて見当たりませんネ。

つっころばし

歌舞伎で、弱々しいきれいな顔の二枚目で、ついたらすぐ転びそうな男性のことを「つっころばし」と言ったのが初めとやら。

今の言葉ですと、百パーセントということでしょうか。「つっころばしの二枚目」と言ったら、二枚目そのもの（それ以外の何者でもない）。

「つっころばしの芸者」と言ったら、芸者以外には何にもなれない人。「つっころばしの奥様」といったら、上品で静かで奥様そのものという感じの人のことです。

終戦直後のことです。中学生と小学生の坊ちゃんを二人残して、海軍将校だったご主人に戦死された奥様がありました。三十四か五の、とても美しい奥様でしたが、坊ちゃん二人とご自分の生活がかかっているのですから、どうしても働きたいとおっしゃる。

四谷に品のいい料亭があって、碁の対戦会場になったりする固い家でした。ほかの料亭とは違い、女将《おかみ》さんも品のいいかたで、私も可愛がっていただいていましたので、私の着物一式を揃えて（その奥様は焼け出されて、一枚も持っておられませんでしたから）、そこにお連れしました。品のいい、きれいなかたなので、女将さんも大喜びで、早速そこで働かせていただくことになりました。

ところが、四日目に女将さんからお断りがきました。

「上品だし、美人だし、言うことないんだけど、なにしろ『つっころばし』の奥様なのよ」

ということです。

ちょっとお酒の入ったお客様が「君、新人だネ。きれいな人だネ」なんておっしゃって、肩を触ったり手を触ったりなさると、「失礼なこと、なさらないでください」と、パッとお客様をひっぱたいちゃう。「つっころばし」の奥様だから無理よ、と言われて、そのかたは四日目には帰されてきました。今はどうしておられるのかしら。
これで「つっころばし」という意味がおわかりかな。

とつおいつ

これは、何かの動きを速《すみ》やかにせず、逡巡《しゅんじゅん》することです。辞書には「『取りつ置きつ』の変化した語」（『日本国語大辞典』小学館）とありますが、よく使う言葉で、いかにも「とつおいつ」というと、その動作や感じがよく出ます。歌舞伎の『紙治《かみじ》』の治兵衛《じへえ》の出《で》や、『吉田屋《よしだや》』の夕霧伊左衛門《ゆうぎりいざえもん》の出などで「とつおいつ」します。すぐにそこに入りたいけれど入れないという思い入れのときに「とつおいつ」と言います。

私の場合は、二年ぶりで恋人がヨーロッパから帰ってきたとき（彼はオーケストラの指揮者でした）、約束の時間にリハーサル場に逢いにゆき、中からは練習しているオーケストラの音が聞こえているのですが、何だかそのまま入っていくのはモッタイナイみたいで、顔が見たくてたまらないのに、十五分くらいウロウロしながら、それでもドアを開けることができず、とつおいつしていました。そんなときは、浄瑠璃で語られている「とつおいつ」という感じがよくわかりました。

引《ひ》き抜《ぬ》き

舞台で踊りながら、サッと衣装を替えることです。今まで白地の衣装で踊っていたのに、いつの間にか水色の着付けになったりするので、とくに外国人は驚嘆します。

これは、特殊な仕立て方をしてある衣装を着て踊るのですが、後見《こうけん》と言って、いつも後ろについている人が、見物にはわからないように衣装のある部分の糸を抜いておきます。そしてあるキッカケで踊り手自身がパッと全部を引き抜くと、白い着物が水色になったり、黒がピンクになったりするのです。ですから後見の人も踊りをよく知っていなければなりません。

私は十七歳のとき、本郷金助町《きんすけちょう》の「第一外国語学校」に通っていましたが、毎朝、三つ編みのお下げで、セーラー服を着て、ズックの靴をはいて出ていきました。それで四時に学校から戻ってきますと、お風呂に入って、島田《しまだ》で裾引きの着付けでお座敷に出ていきましたから、祖母や母は「あんたのは引き抜きのちょっと時間のかかるもの」と言っていました。私の場合はむしろ早変わりですネ。

猿之助さんのように、七役ぐらい変わって出てくるかたがあるのだから、女学生から芸者に毎日早変わりするのなんて、お茶《ちゃ》の子《こ》サイサイでした。

ちなみに、「お茶の子サイサイ」というのは、いともたやすく、なんでも出来ちゃうことを言います。一見難しそうに見えるけれど、やればなんでもないとき、何かへッチャラで出来るとき、お茶の子サイサイと言いました。

木戸《きど》を突《つ》かれる

入場を拒まれること。アメリカでは一流のレストランですと、赤ん坊はもちろん、十三歳未満の子供を連れていたり、Gパンにスニーカー姿だと木戸を突かれますから御用心、御用心。

江戸時代、芝居の入口には木戸が立っていて、そこから見物人が出入りしました。木戸とは芝居などの興行場の出入口のことで、入場料を木戸銭《きどせん》と言いました。上流の客は芝居茶屋から入ります。そして出方《でかた》（案内人）に案内されて客席（枡《ます》）に入りります。一般の客は木戸から入りますが、タダで入ろうなんて人があると、そこで入場を止められる。これを「木戸を突かれる」と言います。きっと胸ぐらでも突かれたのかもしれませんネ。ちょっとまぎれこんでタダでお芝居を見ようなんて不心得者もたくさんいたでしょうから……。

昔の言葉

初物《はつもの》

旬のものを先立っていただくのを初物と言います。昔の人は、魚でもお野菜でも、初物をいただくと七十五日長生きができると言って喜びました。このごろのように一年中、何もかもあるというわけにはいかなかった時代ですから、五月の末に鮎が出されたり、九月の末に松茸が出たりすると、初物といって珍重しました。

永井荷風さんの小説に、時間の経過を示す面白い文章があります。ある男女の恋愛を描いたもので、馴染《なれそ》めが十月初めで、二人が夢中になっている期間が二カ月ぐらいなのですが、そのことをあらわすのに、

「S（新橋の一流料亭）のお椀に松茸が入っていたころに逢い染めて、もう日比谷のM（そのころは大衆的な料理屋で、学生の同窓会などに使われていました）のお椀にも松茸が入るころになってしまった」とありました。これ、ちょっと面白いと思いました。

京都から松茸をいただいたときなど、

「初物ですから、お裾《すそ》分《わ》けいたします」

と言ってよそ様に持って行くと、とても喜ばれました。

弓《ゆみ》を引《ひ》く

とても昔風な表現で、私の好きな言葉です。ただ「楯突《たてつ》く」と言うより、もっと強くて、響きのいい言葉ですネ。

「ここまでにしてもらった先生に弓を引くなんて、もっての外《ほか》よ」

なんて言います。

何もわからない人が手取り足取りで教えていただきながら、一人前になると了解も得ずに独立して、恩師に「弓を引く」なんてことがよくあります。

日本から来る留学生の女の子のなかには、英語が一言もできないうちはオンブにダッコで何から何まで世話してもらったのに、アメリカ人のボーイフレンドでもできて英語がわかってくるとサッサと出ていき、それを理由づけるために世話になった人の悪口を言う子がいます。これも「弓を引く」ことになりますネ。

ひとしお

このごろは「ひと味違う」という言い方が流行していますが、私たちは言葉を強めるときに「ひとしお」を使いました。なおさら、という意味です。

赤ちゃんがだんだん知恵がついて、少しずつ片言《かたこと》でしゃべりだしたりすると、「ひとしお可愛さが増す」と言ったり、また不幸があった場合など、「これからひとしお、お淋しさが増しますネ」などと言います。

あやかりたい

これも、このごろ全然聞かない言葉ですけれど、何か幸運なことのあった人に、その運命を分けてほしいという意味です。

「あの人、宝クジが当たったんですってよ」

「ワアー、あやかりたいわ」とか、

「喜春ちゃん、本を書いて、ウント売れてるんだって」

「あやかりたいわネ」

こんなふうに使います。

目《め》の保養《ほよう》

何か素晴らしい絵、また素敵な景色やいい芝居、ときにはいい着物や帯を見たあとで、

「今日はすっかり目の保養をさせていただきました」

なんて言いました。

病後に静養に行ったりするところを保養地というくらいですから、身体のためにいいことを保養と言います。目の保養ということは、とてもいいものを見て、目のためにいいことをしたという意味です。

いい音楽を聞いたときは、同じように「今日は耳の保養をさせていただきました」と言ったものです。

お仕着《しき》せ

昔、商店（お店《たな》と言いました）ではお盆と暮れに、上は一番番頭から下は小僧まで、使用人一同に衣類一揃え（下着、着物、帯、足袋《たび》、下駄）を出しました。これをお仕着せと言います。もちろん、一番番頭さんには着物ばかりでなく、羽織もつけました。

先日面白いことがありました。ニューヨークのある大きな観光会社のパーティに出席したときのことです。全国の航空会社やマスコミ関係の人がたくさん来られたのですが、ちょうどお正月でしたから、私は紫の地に鶴の丸の訪問着を着ていきました。するとと若い日本人の商社マンらしいかたが、

「アー、あなたは日本航空のかたですか」

とお聞きになるのです。鶴の丸は日本航空のトレードマークでしたから、私の着物を見て、日本航空のお仕着せとお思いになったのでしょう。それ以来、その紫の訪問着を着るときは、「今日は日本航空さんのお仕着せを着て行こう」と私は言います。

突拍子《とっぴょうし》もない

とんでもないことを言ったとき、あるいは思いもかけないことをしたとき、「あなた、突拍子もないこと、考えてるのネ」とか、「突拍子もないこと、言わないでよ」なんて言われます。

私が飛行士のライセンスを取るために所沢の飛行学校に通っているのがわかったとき、祖母は泣いて、

「あんまり突拍子もないこと考えるから、本当に怖い子だ」

と言いました。その当時は飛行機は落ちるものと思われていました。したがって飛行機に乗るということは死ぬことだと思っていたようです。

「私が死んでから、飛行機に乗ってちょうだい」

とも言いました。六十年前に飛行士になりたいなんて言いだすのは、マッタク突拍子もないことだったのですネ。

独《ひと》り合点《がてん》

早呑み込みをすること。「早とちり」とも言います。前後の事情もわきまえず、人の言うこともよく聞かないで、パッと飛び出したりする。そして毎度、失敗間違いなし、という人がいます。東京弁ですと「トンチンカン」とか「まぬけ」とか言うのでしょうけれど、関西弁には「スカタン」といういい言葉があります。世の中には、「独り合点」で「スカタン」ばかりやる人がいますよ。

ニューヨークの私の友人Kさんは、「独り合点」の見本みたいな人です。先日も、あるパーティでこんなことがありました。出席者のなかに、とてもハンサムな男性と白髪の老女というカップルがおられました。その男性が浮世絵の話をなさるのですが、歌麿でも北斎でも広重でもとても詳しい。そこで、Kさんがその白髪の婦人に向かって、

「あなたの息子さんは、本当に日本のアートをよくご存知ですネ。素晴らしい息子さんですネ」と言いました。するとその白髪の婦人は、

「彼は私の夫です」

とおっしゃるなり、ご主人の腕を取って、プイと向こうへ行ってしまいました。「ワア、あれは息子じゃなかったんだ」と、いくら申し訳ながっても後《あと》の祭《まつり》。いつものことながら、言いつけないお世辞を使うからよ、と私の怒ること、怒ること。

羽目《はめ》をはずす

あってはならないことをやってしまったり、ムチャクチャなことをあえてやるということです。「今夜は羽目をはずして飲みましょう」と、無礼講《ぶれいこう》で楽しむのはいいけれど、他人に迷惑のかかるような羽目のはずし方は困ります。やはり当たり前の暮らしをしている庶民は、羽目をはずさないように生活するのがいちばん無事でしょうか。

鳥《とり》なき里《さと》のこうもり

鳥というものがいないところでは、こうもりを鳥だと言われると、見る人はそうだと信じるでしょうネ。ニューヨークではこれがたくさんありますよ。日本舞踊の大家というふれこみで入場料をとって見せる踊りが体操みたいだったりするけれど、日本舞踊を見たことのない人ばかりだから、それでまかり通ります。しみじみと「鳥なき里のこうもりだナ」と思わせられることがたびたびあります。

ぽっちり・どっさり

このごろ聞いたことのない言葉に「ぽっちり」と「どっさり」があります。たとえばボーイがスパゲッティの上にチーズをかけてくれるとき、ほんの少しほしいときは、

「ぽっちりだけ、かけてちょうだい」

反対に、

「どっさりかけて」

と言うのはたくさんかけてほしいときです。

「ぽっちり」と同じ意味で「ちょっぴり」と言うこともあります。

どっこいどっこい

面白い言葉に「どっこいどっこい」というのがあります。二つのものがほとんど同じというときに「どっこいどっこい」と言います。

「喜春ちゃんて、長唄の三味線、そうとう弾けるっていうけど、本当?」

「たいしたことないわよ。あたしとどっこいどっこいよ」

「喜春ちゃん、何歳くらい?」

「あたしとどっこいどっこいよ」

こんなふうに使います。

――づめ

若いかたは使っていないけれど、私たちの時代の人間が無意識に使っている言葉があります。「づめ」という言い方です。「こう雨が降りづめじゃ、いやんなっちゃう」

とか「よくしゃべる人ネ。さっきからしゃべりづめよ」などと、使いますが、毎日雨が降ったり、絶えまなくしゃべったりするような状態を言うのです。赤ちゃんが機嫌が悪くて「泣きづめで困っちゃう」なんて若いお母さんが言います。

――ぽい

仇《あだ》っぽい、艶《つや》っぽい、色っぽい。昔はたいそうこの「ぽい」というのを使いました。安っぽい、きざっぽい、飽きっぽい。どれも「ぽい」が付いちゃう。この「ぽい」というのは、今はあまり使われていないみたい。私たちはすぐに「いやネ、きざっぽい人って」とか「安っぽいから、止めなさい」とか四六時中、「ぽい」を使っています。英語では「――ish」でしょうネ。ちょっとニュアンスが似てるから、ここに書きます。コケティッシュ《Coquettish》。これは色っぽいとほとんど同じで、コケット《Coquette》のあとにishを付けてコケティッシュ。また、馬鹿馬鹿しいことをしたときは、フーリッシュ《Foolish》と言います。これはフール《Fool》のあとにishを付けている。アメリカのこのごろの流行語なのですが、人に会う約束をするとき、「五時ごろに会いましょう」こんなときはファイヴィッシ《Fivish》

ュと言います。「七時ごろ」ならばセヴンニッシュ《Sevenish》、「八時ごろ」ならエイティッシュ《Eightish》。きっちりはジャストですけれど、「だいたい…時ごろ」というときはこのishを付けるのです。

――そびれる

何かをやりたいと思いながら、チャンスを失ってしまったことを言います。

「誰々さんのところにお祝いに行こうと思ってたのに、行きそびれちゃった」

「言おう言おうと思いながら、言いそびれちゃった。今さら何も言えないワ」

「あのとき嫁《い》きそびれちゃったから、一生独身だったのよ」

――ぱなし

もう一つくだけた言い方に、「ぱなし」というのがあります。「何しろ、あの人ったたら、グチの言いっぱなしなのよ」とか「やりっぱなしで困っちゃう」とか言います。この「ぱなし」もずいぶん使いますよ。どこかに行ったきり帰ってこない、なんていうときは「行きっぱなしで帰ってこない」とか、子供のころ、オモチャを片づけないと、「出しっぱなしで片づけないのは女の子として恥ずかしいのよ」と祖母によく叱られました。だらしのないことは「やりっぱなし」と言いました。このごろは聞いたことがありませんけれど。

オシャカになる

これはあまりいい言葉ではありません。ただ下町の人がさかんに使いました。「とにかく一所懸命作ったのに、全部オシャカになっちゃった」なんて言います。

昔、本所深川なんかでは大雨が降るとすぐに洪水になって、床下浸水なんてのは四六時中でした。私のところに来ていた女中の家は深川の乾物屋でしたが、床下浸水で、削り節、鰹節などがスッカリだめになってしまったことがありました。その親爺が来たときに、「ご隠居さん、商売物がみんなオシャカになっちゃったんでサァ」と言っているのを聞きました。

そば屋《や》の娘《むすめ》じゃあるまいし

大人が話しているときに横から子供が口を出すと、

「そば屋の娘じゃあるまいし」

と母や祖母に叱られました。

以前はおそば屋さんに、湯筒《ゆとう》といったかしら、小さいほうはそばつゆ、大きいほうにはそば湯を入れた器が置いてあって、それには横に口がついていました。

四歳か五歳のころだったと思いますが、祖母や母がお客様と話している最中に私がしゃしゃり出て口をはさむと、祖母がにらみました。それでも話していると押入に入れられ、一日中出してもらえませんでした。

ですから「そば屋の娘」と言われると、ハッとして、大人の会話に口を出すのは差し控えたものです。

寸善尺魔《すんぜんしゃくま》

私の祖母がよく言っていた言葉です。小さな幸いが来て喜んではいけない。そのあとにきっと大きな不幸が来るのだ、ということです。一寸（三センチくらい）のいいことがあって、油断をしているとすぐ尺（三十センチくらい）の災いが来る、だからいい気になってはいけないという戒めです。

戦前、私の家に出入りしていた左官職人で、清さん（清吉）という人がいました。仕事はなかなかきめの細かいいい仕事をするのですが、競馬とお酒が好きで、おかみさんはいつも嘆いていました。あるとき競馬で思いがけない大金が入ったことがあって、

「ご隠居さん、喜んでください」

と祖母のところに報告に来ました。

清さんは、一週間くらいは仕事も休んで、すっかりお大臣きどりでお酒びたりの毎日だったようですが、八日目に仕事に出た先の足場から落ちて大ケガをしました。私は祖母とお見舞いに行きましたが、

「人間は寸善尺魔というから、いくら大金が入ったとしても油断するとだめですよ。やはりチャンと地道に働くのがいちばん強いのよ」

と清さんに言って聞かせる祖母の言葉がいつまでも忘れられず、七十年近く経《た》った今でもまだ覚えています。

がんばる

祖母が大嫌いな言葉でした。「がんばる」とは「我を張る」ことからきていて、他人なんかどうでもいい、他人様の迷惑も考えずに自分だけが我を張るなんてことは、女としてもっとも恥ずかしいことだ、「がんばる」なんて言葉は女が使ってはいけないと言われてきました。

ところがところが、このごろでは病人を見舞うときも、競技に出る選手を応援するときも、テレビのクイズ番組のなかでも、誰もかれもが「がんばってください」と言います。流行語なのかしら。ひどいのは、新婚旅行に出かける新郎新婦を見送りに来た人たちが「がんばってネ」と声をかけること。まったく何をがんばるのよ。もう少しやわらかくて、失礼でない言い回しはないものかしら。

分相応《ぶんそうおう》

そうそう「分相応」なんて言葉もありましたネ。自分の身分にちょうど合った生活、これが「分相応」で、自分の身分よりグッと贅沢《ぜいたく》な生活を「身分不相応《みぶんふそうおう》」と言いました。何だかこのごろの日本人の生活を見ていると、誰もかれも「身分不相応」な暮しをしているみたいだけど。マ、いいか。日本はお金持ちの国なんだから……。とはいえ、あまり「身分不相応」なことをしても長続きはしないという面白い話があります。

荒川の向う側に、戦前は農家や職人さんばかり住んでいたような、いたって庶民的な町がありまして、私の仲のよい女医さんがおられました。上野先生というかたで、とても美人なのに結婚なさらず、医学博士になられたかたです。私より二十五歳くらいお若いけれど、非常に勉強家で、日本に帰るたびに先生にお会いするのが楽しみでした。そのかたが、

「この十年くらい、どんな家でもピアノを買うのよ。別に西洋音楽が好きとかそんなことではなくて、隣が買ったからとか、お向かいでも買ったからという理由で、猫も杓子《しゃくし》もピアノを買うの。借金しても買うお家がたくさんあるの。このごろの流行なんでしょうネ、ピアノとバレエを習うのが。ところが、しばらくして、お祖父《じい》ちゃんの往診に行ったりすると、買いたてのピカピカだったピアノがホコリで白くなって、おまけにピアノの上にお祖父ちゃんの便器が置いてあったりするのよ。もう一軒の家では、赤ちゃんの汚いオシメを平気で置いているの。やはり身分不相応なことしちゃダメネ」

とおっしゃっていました。

もちろん、先生の話に出てきたそのお家はお金があるのでしょうけれど、ピアノというか、西洋音楽というものに全然ふさわしくない身分なのですネ。ただ、ご近所に対する見栄でピアノを買ってしまう。そして、子供はすぐにお稽古に飽きて嫌になるし、親たちも別に音楽が好きでもないし、わかりっこないから、結局、物置台みたいになっちゃう。これなど、やはり「身分不相応」なことと言えますネ。

いい塩梅《あんばい》

何事も調子よくいっている場合を言います。「昨夜は雨が降っていたのに、いい塩梅によく晴れたこと」とか「いい塩梅に仕事も順調にいっています」などと言います。ところが先日、東北のかたが、「どうも親父は、このごろ塩梅が悪くて」と言っておられました。このかたは、身体が悪いときに塩梅が悪いと言うようです。

さて、この塩梅なのですが、「塩梅というのはすべての食物の基本で、アンは文字通り塩で、梅というのは酸っぱい味のこと」とあるご老人に教えていただきました。なるほど、いい塩梅というのもわかりますし、北のお国のかたが「塩梅が悪い」とおっしゃっていたのもわかるような気がしますネ。

慇懃無礼《いんぎんぶれい》

慇懃というのは、へりくだった丁寧《ていねい》な態度や言葉遣いのことですから、慇懃そのものはいいことなのですが、このあとに「無礼」が付くと困る。

「慇懃無礼」というと、口先では敬語を使って相手を崇《あが》めているようでいながら、心の中ではバカにしていて、これがどうしても態度や言葉に出るのです。

「私なんか、あなたと違って能なしだから」とか、

「あなたとは身分が違うから」

とか、さも自分を卑下《ひげ》しているように言いながら、内心は正反対だと思わせる言い回しをする人が、とくに女の人に多いようです。

このごろは本当に「無礼」な人が多い。「慇懃」な人がだんだんと少なくなってきました。もうすぐ「慇懃」なんて完全に死語になって、「無礼」だけが残ると思いますよ。

来《こ》し方《かた》行《ゆ》く末《すえ》

私の大好きな言葉です。今まで自分の来た道、それから将来の自分の進んでいこうとする方向、そうしたことを昔の人は「来し方行く末」と言いました。

「何をボンヤリ考えているのよ」

「うん、来し方行く末を考えているところよ」

なんて言い方をします。「来し方行く末」なんて言う人は今では一人もいないけれど、いい言葉だと思いますよ。

来し方というと過去のことですが、私が来し方を振り返ると世の常の女の人の五倍くらいの思い出があります。まず、子供のころのこと。新橋のなつかしい先輩のお姐《ねえ》さんがたのこと。お出先《でさき》の親切な女将《おかみ》さん、女中さんのこと。結婚し、インドのカルカッタに行ってからの楽しかったこと。開戦になって、ヒマラヤの山のテッペンの収容所に入っていたときのこと。アフリカの南端まで行き、交換船で帰って来てから、疎開先の田舎で田植えをしたり、麦刈りをしたりした、これも楽しい思い出。それからまた、通訳をさせていただいて本当にお世話になった、デトロイトタイムスのミス・グエン・デュウさん。彼女がいなかったら、今日の私はありません。それからワシントンハイツでアメリカンスクールの先生をした二年間。アメリカに来てからのいろいろな楽しいこと。本当に私は幸福者です。

行く末というと将来のことですが、私はこれからも一所懸命、本を書きたいし、オペラの仕事もしたい。大学のアンソロポロジー（文明人類学）の講義も。もっとアメリカにいる時間を長くし、申込みのあるところには全部顔を立てたい。日本に帰ったらあれもしたい、これもしたいと、してみたいことが次々に出てきます。私はこのまま幸せで、そして毎日時間に追いかけられ、死ぬまでせかせかと飛びまわることでしょう。

言葉もしぐさも、いきに、美しく

美しく、洒落た、いきな言葉がだんだんと使われなくなりました。でも言葉だけじゃない。とくに女の人の生き方や暮らしぶりが変わってきたせいでしょうか、美しい物腰ややさしいしぐさをする女性が少なくなってきたようです。マナーとかエチケットということを気にしない女性も多くなった。美しい日本語が使われていたころの女性と、今の女性とは考え方もまるっきり違うように思います。言葉とともにいろいろなことが変わってしまったのでしょうネ。

私がまだ駆け出しの芸者だったころ、先輩のお姐《ねえ》さんがたから、芸者としてしてはいけないことを厳しく習いました。今の日本の若い女性にも当てはまるいい仕来りやアドバイスがありますので、最後にそれを書いてみます。

このごろは、地下鉄の中、電車、バスの中など、あらゆるところで若い娘さんが大アクビをしています。これが美人ですとなおさら興醒《きょうざ》めです。ハンカチで口をチョット押さえてもよし、夏ならお扇子《せんす》で隠してもよし。手が使えない場合は、グッと口をつぐんで、鼻にぬけさせることができます。暇なときに練習してみてください。すぐにできるようになりますから。

また、落とした物を立ったまま前かがみに拾うと、お尻を突き出すようになりますネ。洋装だととくに目立ちます。そんなときは、ちょっと腰を折って（ということは片膝を曲げて）拾う。ほんのささいなことですが、ズッと優雅に見えますよ。

自分ではわかりませんが、エスカレーターに乗るとき、棒立ちになってドタドタと両足一緒に乗ると、後ろから見てポーズがとても汚い。待っているあいだに片足を浮かすようにしてスッと片足から乗る。下りてくるときも同じこと。片足を浮かせて、その足から乗せていくと、上るのも下りるのもスムースですし、後ろから見ていてきれいです。ヨボヨボのお年寄りなら仕方がないけれど、若い女性がドタドタとステップに乗って、ドタドタと踏み出して歩きはじめるのは、あとに続く人も困ります。

電車でも、バスでも、地下鉄でも、座席に座るときに、自分ではわからないけれど、向かい側の人からはよく見えますから、必ずピチッと両足をそろえて、できるだけ手前に引いて腰かけてください。これは和服のときも洋服のときも同じです。

和服のときは片方の足を心持ち引いて、前に出ている足を内側に引きつけるようにする。洋装のかたで、足の長さに自信のあるかたは、そろえた両足を右か左のどちらかにチョット斜めにたおす。そして靴の先を爪先立ちするような気持ちで置くと、ハイヒールのときなど、なおきれいです。中年のオバサンたちばかりではなく、若い娘さんまで両足を広げて座っているのは、みっともないことこの上ない。おまけにジーパンの股のあいだに雨傘をはさんでいるのを見ると、アア困ったなと思います。

和服のときに階段を上る場合、踏み出した足のあとからついて行く足を爪先立ちして上ってください。美しい訪問着の、またはお振袖の娘さんや奥様が、足袋のこはぜから臑《すね》まで出して、勇敢に階段を上っていかれるのも困ります。といっても、和服を着たからといって、むりに内輪に歩いたり、グニャグニャとしなを作って歩いたり、コチョコチョと小股に歩いたりする必要はありません。外輪に歩きますと、アジアのほかのお国のかたのようになりますから、あまり外股では困りますが、まっすぐ背筋を伸ばして、一本の線の上を歩いているつもりで歩いてください。

洋装の場合ですと、立ち止まったとき、ひときわ足が目立ちますから、ヌッと棒立ちにならないで、片足を後ろに引いてください。そうすると、正面から見たとき、片足が半分隠れて、足が細く見えます。和服のときも必ず片方の足をちょっとだけ引いて、前に出た足の先を内側に向ける。要するに、洋装のときも和服のときも、ヌッと棒立ちに立つのはタブーです。

和服を着て手をあげるとき、たとえば吊革につかまるときなど、肘《ひじ》まで出しているかたがありますが、片手で袖口をちょっと押さえると、肘が出ませんし、きれいです。和服の袖口から肘が出るのは恥ずかしいことだと覚えておいてください。片手がふさがっている状態で吊革につかまるときには、内側から輪を描くように回してから手を上げると、肘は出ません。いきなりパッとまっすぐに上げるから肘が出るのです。

いつも誰かがあなたを見ています。若く美しくありたいと思ったら、お顔のお化粧ばかりでなく、平常の褄《つま》はずれ（七六頁）に心を配ってくださいネ。

それからもう一つ。アメリカでは考えられないことですが、日本では駅やデパートや劇場の女性用のトイレにペーパータオルがついていません。アメリカですと、田舎のハイウェイ周辺のガソリンスタンドのトイレにもちゃんとついていますけれど。日本ではペーパータオルがありませんから、私が観察したところによると、若い女性はクリスチャン・ディオールやモリ・ハナエなどの、レースの付いたファンシーなハンカチで手を拭き、ビシャビシャになったハンカチをそのままハンドバッグに入れておられます。

あの花柄の、やさしいレース付きのハンカチには手を拭くのとは全然別の用途があるのです。パーティなどで、「ア、これだ」と目星をつけた若くてハンサムな男性の前で、わざと落として拾ってもらったり、ボーイフレンドに身の上話でもしながら涙を流したり（たとえ、それが空涙であっても）、また恋人の眼鏡を拭いてあげたり、そういうことに使っていただきたい。トイレでビショビショの手を拭くなんて、もっての外です。外に出るときには、最低二枚はガーゼのハンカチを持っていってください。私は劇場やデパートのトイレできれいなハンカチをビショビショにしているのを見るたびにハラハラしているのですから。

次に浴衣《ゆかた》。このごろではすっかり浴衣らしくなくなってきましたネ。私たちのころには、相当モダンなデザインの浴衣でも、色は紺と白だけ。終戦後に出てきたものでも、子供用の浴衣に赤い金魚や青い小鳥のデザインとか、藤色やグレイが入っているぐらいのものでした。ですから私は、大人の浴衣の色は、涼しく見える紺と白だけと思い込んでいました。

最近では、ピンク、黄色、赤、青、緑と、あらゆる色が入っています。もう浴衣の感覚ではないのですネ。それはそれで結構なことだとは思いますが、昨年の夏、ある民放のテレビ番組を見ていますと、女優さんたちが浴衣に「嘘つき」を重ねて着ていたので、私は飛び上がって驚きました。

司会者の男性は、

「今夜は全員が浴衣で参加ということで、まあ、みなさん、いきですネ」

なんて言っていましたが、浴衣がカラフルなことだけでもビックリしてしまったのに、「嘘つき」まで着ていたのですから、私は唯々呆然としてしまいました。

私たちは「嘘つき」と言っていますが、シロトのかたは「伊達衿」と言っておられますネ。ここで「伊達衿」なるものが生まれた理由と、私たちがなぜ「嘘つき」と言ったか、それを書いてみましょう。

戦前、新橋の芸者は、髪を島田《しまだ》に結い、紋の付いた着物の裾を長く引いて、丸帯を締めないとお座敷には行けませんでした。そして「引返し」と言って、着物の裏、裾まわしに、とても気を配りました。なにしろ、裾を長く引きますと、どうしても裾の「引返し」が目立つのです。宝船を付けた着物の「引返し」に波をつけたり、青海波や観世水の着物の「引返し」に千鳥をつけたり、桜や紅葉を浮かせたりしました。

十一月から次の年の三月までは着物を二枚着ます。重ね着をするわけです。表の着物がブルーですと、下着の着物は鴇色《ときいろ》（淡いピンク）、上の着物が深緑ですと下が鶸色《ひわいろ》（黄緑色）、上の着物が紫ですと、下が紅藤（ラヴェンダー）というように、必ず二枚着ました。

長襦袢を着てから二枚重ねた着物を着るわけですが、これは暖房のなかったころの生活の知恵だったと思います。どんなに一流の芸者でも、お座敷では座蒲団は敷きませんし、どんなに一流の料亭でも暖房は火鉢だけでしたから、絹の着物を二枚重ねて保温したのです。今のように化繊なんてありません。本物の絹というのは、ピタリと肌について、とても暖かい。それだから私たちは丸々二枚の着物を重ねて着ました。そうすると、衿のところが二重になります。

ところが昭和の五年、六年ごろになりますと、料亭でもガスストーヴや電気ストーヴを入れるようになり、二枚の着物を重ね着すると太って見えると気にする芸者も出てきました。それに、二枚の着物を色違い、柄違いで染めるのと、一枚ですませるのとでは、お値段もずいぶん違います。

そこで頭のいい呉服屋さんが「比翼《ひよく》」というものを考えました。衿元、袖口、振り、長く引いた裾だけを二枚にして、どこから見ても下着を着ているように見せかける。急所だけは二重になっているから、スッキリと痩せて見えるのです。また重ね着より着付けもやさしい。だから箱屋も助かる。それで私たちは、十一月から次の年の三月までこの「比翼」で通しました。

拙著『江戸っ子芸者一代記』の戦前篇に書きましたが、昔は半衿、着物、帯、全部に厳しい約束事がありまして、生地（材質）は季節ごとに違いました。十一月から次の年の三月までは二枚重ね、「比翼」で、しかも袖口や裾には綿を含ませました。四月、五月、十月は一ツ袷《あわせ》で「比翼」は必要なし。一ツ袷というのは、もう綿を含ませないものです。そして六月、七月、八月、九月は単衣《ひとえ》です。七月、八月は薄物、絽や紗の透き通ったものですが、六月と九月はただの縮緬物で、透けた物は着ません。

さて私たち芸者は、前にも書きましたが、毎夜六時から九時までをお約束と言って、ほとんどが大きな宴会でした。このときは必ず紋付きを裾引き、丸帯で出ました。九時になると箱屋が着替えを持って来て、箱部屋（芸者控室）で着替えるのですが、九時からのお座敷を後口《あとくち》（一二〇頁）と言って、裾を引かなくてもよくなり、小紋や縞の着物に名古屋帯でも許されます。

カジュアルな後口のときに下着や「比翼」を着るのは大袈裟なのですが、それでも前述のように十一月から三月までは下着を着ているように見せたかったので、衿元だけは下着を着ているように見える「嘘つき」が出てきました。これが「伊達衿」の始まりです。

「伊達衿」なんて名称は、戦後だいぶ経ってからつけられたのです。たいそう便利なものが出てきたということで、十一月から三月の、寒い盛りの時期だけ「嘘つき」を愛用しました。でも、四月から十月までは絶対に使いませんでした。つまり、この「伊達衿」というのは、冬だけのものなのです。

このごろでは、冬であろうが春であろうが、和服のときはどなたもこの「伊達衿」を使っていますネ。二色も三色も違った色を付けている人もあります。十二単衣を気取っているのかな。なんだか平安朝みたいですネ。これで「伊達衿」「嘘つき」の解説を終わります。

ちょっと横道にそれてしまいましたが、浴衣の話に戻ります。

社員旅行というのは、温泉旅館に行ったおりに見かけたり、またテレビなどでも見る機会があるのですが、私がいちばん気になるのは、若い娘が、バリバリに糊のついた、男性と同じ広袖の宿屋の名入りの浴衣を着て、ズラリと宴会の席に並んでいることです。寒いときですと、男性と同じ紺や茶色の宿屋の半纏《はんてん》を着て座っています。男仕立ての着物のままゾロゾロ街を歩く女性もいます。

なんとまあ色消《いろけ》しな（九〇頁）ことをするのでしょうね。私たち芸者は宿屋の浴衣は絶対に着ません。一泊五万円なんていう特別の宿屋では、きっと男物と女物の浴衣や半纏を用意してあるのでしょうが、社員旅行で泊るホテルや温泉旅館で出されるのは、たいてい、男性も女性も同じデザインのバリバリに糊のきいた浴衣に、男女同じ仕立ての半纏です。

私たちは、とてもこんなものを着る勇気はありません。自分にいちばんよく似合う浴衣を持っていきます。紺地に白の百合や撫子《なでしこ》など、やさしい花模様の浴衣に、ピンクに赤の絞りの半幅帯か伊達締め。これは紐の前のところだけが幅広く、芯を入れたきれいなものを使いました。

肌寒い時期なら、茶羽織を持っていきました。これもウールのごわごわしたようなものではありません。このごろは、化繊のきれいな茶羽織が安く買えます。浴衣一枚ぐらいなら大き目のハンドバッグに入りますし、茶羽織や細帯にしても、少しサイズの大きいショルダーバッグで充分です。色消しな男仕立てのゴツイ浴衣を着ているよりり、あなたに合った、やさしい花模様の浴衣を着たら、湯上りの姿がどんなに美しく見えるか考えてみてください。

来るときに着てきたスーツやワンピースを湯上りに着ている人もいるけれど、せっかく日本情緒あふれる温泉にいるのに、何時間も列車に乗ってきたスーツやワンピース姿ではとてもリラックスできないでしょう。もったいないと思いますよ。ほんのりとした湯上りによく似合う浴衣を着ていただきたいナ。

ブランドもののスカーフ一枚分で浴衣も茶羽織も買えます。ただし、スッキリと着るつもりなら、ゆめゆめ浴衣に「伊達衿」なんてつけないことです。若い女性は、いつも少しでも美しく見えるほうがいいのです。「社員旅行に自分用の浴衣を持っていこう」運動をやってみてください。きっと賛成してくださる男性がたくさんあると思いますよ。

若い娘さんたちにお願い。同じ一生なのです。女性はチッとでも美しくあってほしいもの。これは昔も今も変わりません。どんなときでも手を抜かず、気を抜かないで美しくあってください。自分一人だけ、ほかの人と違うと困るなんて言ってないで、人より美しく見えるほうがいいじゃありませんか。

中年の女性のかたにお願い。一生「女性の顔」をしていてください。「チャーミングで可愛い女性の顔」を失わないでください。同じ一生なのですから、「母親の顔」

だけとか「祖母の顔」だけじゃ、味気ないと思いますよ。年を重ねて、もっともっとチャーミングになってください。

あとがき――まがい物にはならないで

本当に拙《つたな》いものを読んでいただいて有難うございました。

死語になっちゃった古い日本語、それにシロトのかたのご存知ない花柳界用語など、ちょっと書き出してみると、すぐに百ぐらい出てきます。若いかたたちがこの本を読んで、古い言葉や珍しい仕来りなんかを知っていただければ有難いと思います。

私の時代の花柳界と今の花柳界とはまるっきり違います。ですから、昔のことを今のうちに書いておきたい。私ももうあと一年で八十歳。持ち時間が短いから、あせるあせる。

先日もこんなことがありました。

今年の二月十五日、ある民放の下請けのプロダクションから二十五歳くらいの若い女性が取材に来たときのことです。若い女性と言いましたが、私たちのころは二十五、六歳は大年増でした。このごろは二十五、六歳は若い娘なのですネ。いい世の中になりました。先日もある出版社で「社の女の子に原稿をいただきに上がらせますから、その子にお渡しください」と言われて待っていたら、三十がらみの女のかたが取りにみえました。その女性は「女の子」と言われたと聞くと、「侮辱された」と言って怒っていましたが、アレヤコレヤあって、これがセクハラにまで発展していくのだから、怖い怖い。

話を戻します。そのプロダクションの二十五歳くらいの若い女性は、

「アメリカに長くいて成功している人のお話を取材している」

ということで取材に来たのですが、七冊出ている私の本を一冊も読んでいない。聞いてみると、私のところに来た理由はただ一つ、「芸者をしていた人だから」とのことです。

彼女は、日本文化にたいそう興味を持っていて、古い日本のことが大好きだけれど、着物を着たことがない。どうしても着物の着方を知りたいと思って着付け教室に行ってみると月謝が高かったので、向島で三カ月芸者に出たのだそうです。だから芸者のことはよく知っているつもりです、と彼女が言うので、私は、

「何で試験をお受けになったの？」

と聞きましたら、

「ハア？」

とキョトンとしています。

「お三味線か踊りをずっとやっていらしたの？」

三味線や踊りをやっていたとしたら、着物を着たことがないというのは、ちょっとおかしいとは思いましたが、私は重ねて彼女に聞きました。すると、

「三味線なんか向島に行くまでは見たこともありません。向島では、ほかの人が踊るのを見ましたけれど、それだけでも日本の文化を理解できたと思います」と言います。そして、

「向島というところは、通りからして日本的で、ほかのところと違いますネ。自分で頼んで雇ってもらったその晩からお座敷に出て、三カ月でうんと稼ぎました。そのとき働いたお金でアメリカに来たんです」

とのことです。

三味線も踊りも全然知らないで芸者になるなんて考えられないことですし、試験はおろかお披露目もせず、お見習い期間もなく、置屋《おきや》さんに飛び込んで雇われたその晩からお座敷に出るなんて、まったく目茶苦茶な話です。これで「芸者に出ていた」と言われては困ると思いました。

ちょっと前に、日本のエライかたが「神楽坂の芸者」と称する女の人のために政治

生命を失いましたが、この手の芸者が出てくることは「本物の芸者」の私としては身が震えるくらい口惜しいことです。こんな人たちは「エキストラ・コンパニオン」とか「エキストラ・ホステス」とでも言ってもらいたい。芸者というのは本質的にまるっきり違います。

三年くらい前、ちょうど私が日本にいたときに、ＴＢＳで向島の芸者さんを主題にしたテレビ番組をやりました。キャメラが置屋の芸者衆の寝室に入っていきますと、ネグリジェやパジャマ姿の若い芸者がねぼけまなこで起き上がり、タバコをスパスパ吸い、立て膝をついたり、あぐらをかいたりしながら取材に応じていました。髪を茶色に染めている妓《こ》もいました。これが芸者だといってテレビに出されたら、いよいよ世間から見下げられるのはわかりきっています。そのときも私は悲しいナアと思いました。

私は、向島で芸者をしていたというその女性に、拙著『江戸っ子芸者一代記』の戦前、戦後、アメリカ篇を持たせてあげました。そして、

「お願いだから、これを読んで、また出直して来てくださいね」

と言いました。

この人が、自分の経験を物差しにして、それが本当の芸者だと考えられては困るか

らです。

六冊も句集を出された実花姐さん。碁では五段の腕前だった小しめ姐さん。笛の名手、留千代姐さん。鼓の名手、寿福姐さん、踊りのまり千代姐さん、小くに姐さん。そして長唄、清元、常磐津、歌沢と、素晴らしい芸を持っていた（あるいは持っている）先輩や後輩のためにも、まがい物の芸者と一緒にされては困るのです。

こんなことを言うのは私が時代遅れなのでしょうか。私みたいなちっぽけな人間がゴマメの歯ぎしりでただ一人、切歯扼腕《せっしやくわん》したって、今の花柳界はどうすることもできないのでしょうか。

これが時勢なんだ。政治家をごらん、教育家をごらん、宗教家をごらん。皆どんどん様変わりしてゆくばかりじゃないか——。芸者のプライド、芸者の心意気、そして持ち芸に対する真剣な姿勢。そんなものは二度と再び顧みる必要もないし、慎み深く教養の高い（学歴じゃありません）一芸に秀でた芸者なんて、考えるのもチャンチャラおかしい、というのでしょうか。

アア。私は少し長生きしすぎたようだ。

でも、やっぱり私は死ぬ前に「本物の芸者」のあり方を、「まがい物の芸者」との違いを書いておきたかったのです。人様が読んでくださっても、読んでくださらなくてもいいのです。

『江戸っ子芸者一代記』、『いきな女たち』『ひたむきな女たち』など、私は拙い筆で七冊の本を書きました。初めて書いたフィクション『いきな女たち』は昨年、東宝さんでお芝居にしていただき、十月三日から二十八日まで名古屋の「名鉄ホール」で上演していただきました。

幸いにも毎回満席で、大入袋も出ました。ベテランの月丘夢路さん、小山明子さん、それに片平なぎさチャン、あべ静江チャン、島かおりチャンなどの若手が一所懸命の熱演で、「原作者がそう泣いちゃ、困る」と笑われるくらい涙、涙の感動的なお芝居にしていただきました。演出の水谷幹夫先生、脚本の村松欣先生も、本当に気持ちの暖かいかたたちで、まったくのストレンジャーの私でしたが、名古屋の一カ月を居心地よく過ごすことができました。本当に嬉しうございました。

私が死んだあとで、昔は芸者というのがこんな生き方をしていたのだ、と誰かがわかってくだされば幸いです。そのころは、カラオケが歌えれば、一流の芸者だと言われる世の中になっているのかもしれませんが。

とにかく、今私はすっかり落ち込んでいます。だけど誰か若いかたで、私のこの気持ちを理解して何とか花街を立ち直らせてくださるかたが出てこないかしら。それを願って筆をおきます。

一九九二年　気持ちが悪いくらい暖かい冬のニューヨークで

中村喜春

項目索引

さ

し

す

せ

そ

た

ね

の

は

ひ

ふ

へ

＊本書は、一九九二年に当社より刊行した著作を文庫化したものです。

草思社文庫

いきな言葉 野暮な言葉

2015年2月9日　第1刷発行

著　者　中村喜春

発行者　藤田　博

発行所　株式会社 草思社

〒160-0022　東京都新宿区新宿5-3-15

電話　03(4580)7680(編集)

03(4580)7676(営業)

http://www.soshisha.com/

本文組版　有限会社 一企画

印刷所　中央精版印刷 株式会社

製本所　株式会社 坂田製本

本体表紙デザイン　間村俊一

ISBN978-4-7942-2104-9　Printed in Japan

草思社文庫既刊

中村喜春
江戸っ子芸者一代記

コクトー、チャップリンなど来日した要人のお座敷で接待した新橋芸者・喜春姐さん。銀座の医者の家に生まれ、芸者になったいきさつ、華族との恋、外交官との結婚と戦前の花柳界を生きた半生を記す。

長沢 節
大人の女が美しい

若くてかわいいだけの女なんてつまらない。女性の本当の魅力は、知性も感性も肉体も磨きぬかれた「大人の女」に備わるもの。セツ・モードセミナー創設者による名エッセイが文庫で復活。

増田晶文
うまい日本酒はどこにある?

日本酒は長期低迷から〝地酒ブーム〟で復活したようにみえるが、多数の地方蔵は未だ苦境にある。地方の酒蔵、メーカー、酒販店、居酒屋を訪ね歩き、「うまい日本酒」に全霊を傾ける人々に出会う。

草思社文庫既刊

氏家幹人
かたき討ち　復讐の作法

自ら腹を割き、遺書で敵に切腹を迫る「さし腹」。先妻が後妻を襲撃する「うわなり打」。密通した妻と間男の殺害「妻敵討」…。討つ者の作法から討たれる者の作法まで、近世武家社会の驚くべき実態を明かす。

氏家幹人
江戸人の性

衆道、不義密通、遊里、春画……。江戸社会には多彩な性愛文化が花開いたが、その背後には、地震、流行病、飢饉という当時の生の危うさがあった。豊富な史料から奔放で切実な江戸の性愛を覗き見る刺激的な書。

榊原喜佐子
徳川慶喜家の子ども部屋

最後の将軍の孫に生まれ、高松宮妃殿下を姉にもつ著者が、小石川第六天町の三千坪のお屋敷での夢のような少女時代を回想。当時の写真と共に戦前の華族階級の暮らしを知ることができる貴重な記録。

草思社文庫既刊

齋藤 孝
声に出して読みたい日本語①②

黙読するのではなく覚えて声に出す心地よさ。日本語のもつ豊かさ美しさを身体をもって知ることのできる名文の暗誦テキスト。日本語ブームを起こし、国語教育の現場を変えたミリオンセラー。

石山茂利夫
裏読み深読み国語辞書

「辞書に間違いはない」「どの辞書も内容は同じ」と思ったら、大間違い。慣れ親しんだ国語辞書を読み比べると、日本語の意外な素顔が見えてくる。日本語に関心のある人なら必ず楽しめる一冊。

岩中祥史
新・出身県でわかる人の性格

合理主義からお笑い精神を生んだ大阪人、地味だけど幸福度の高い鳥取人、じつはシャイな沖縄人――気候風土、歴史が育んだ県民の気質を論じる人間観察学。笑いあり、驚きありの痛快エッセイ。